알려줘
강원도
위인!

알려 줘 강원도 위인!

1판 1쇄 발행 2018년 5월 15일 | 1판 3쇄 발행 2023년 3월 25일

글 강로사 | **그림** 윤정미 이해정
펴낸이 권준구 | **펴낸곳** (주)지학사
본부장 황홍규 | **편집장** 윤소현 | **편집** 박보영 이지연
디자인 이혜리 | **제작** 김현정 이진형 강석준 | **마케팅** 송성만 손정빈 윤술옥 박주현
등록 2010년 1월 29일(제313-2010-24호) | **주소** 서울시 마포구 신촌로6길 5
전화 02.330.5263 | **팩스** 02.3141.4488 | **이메일** arbolbooks@jihak.co.kr
ISBN 979-11-6204-025-6 74990
ISBN 979-11-6204-005-8 74990(세트)
잘못된 책은 구입하신 곳에서 바꿔 드립니다.

 제조국 대한민국   사용연령 8세 이상
 KC마크는 이 제품이 공통안전기준에 적합하였음을 의미합니다.

지학사아르볼 아르볼은 '나무'를 뜻하는 스페인어. 어린이들의 마음에 담긴 씨앗을 알찬 열매로 맺게 하는 나무가 되겠습니다.
홈페이지 www.jihak.co.kr/arb/book | 포스트 post.naver.com/arbolbooks

 **펴냄 글**

사회 공부의 첫걸음은
《우리 고장 위인 찾기》와 함께

이제 막 3학년이 된 아이들에게 '사회'란 매우 낯설고 어려운 개념일 거예요. 처음 만나는 사회, 쉽고 재미있게 배울 수 있는 방법이 없을까요?

《우리 고장 위인 찾기》 시리즈는 초등학교 사회 교과서의 첫 내용인 '우리 고장'을 통해 사회의 개념과 의미를 깨닫도록 만들었습니다. 고장의 위인과 함께 옛이야기, 문화유산, 지역 정보를 풍부하게 담았지요. 이 책과 함께라면 우리 고장을 더 잘 이해하고 사랑하게 되는 것은 물론, 역사와 지리에 관한 지식까지 쌓을 수 있을 거예요. 초등학교 사회, 《우리 고장 위인 찾기》로 시작해 보세요.

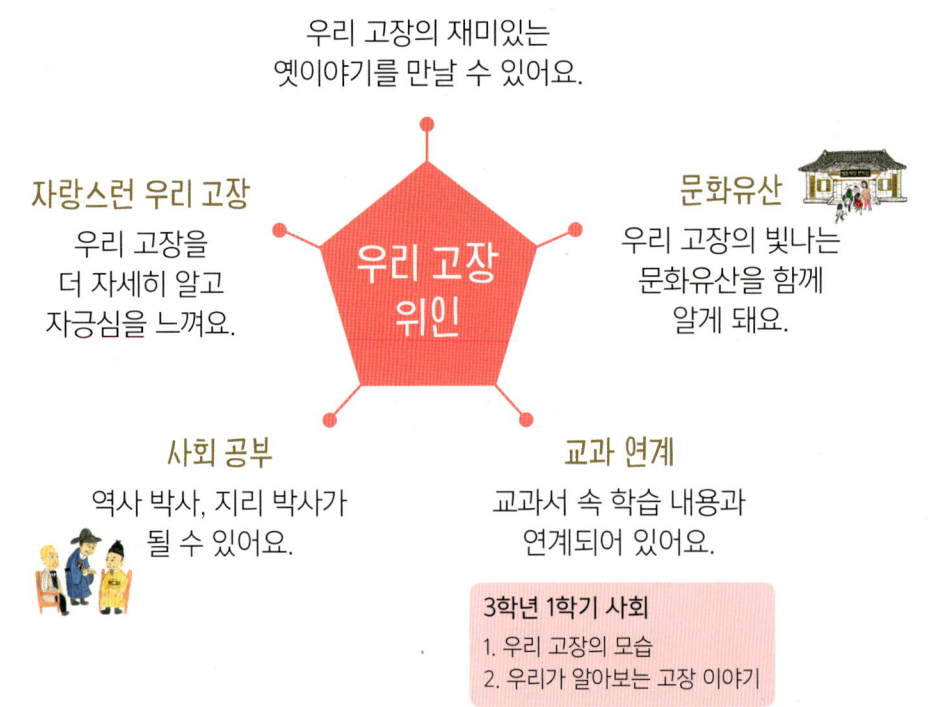

학교 공부에 활용하는
《우리 고장 위인 찾기》

● **학교 숙제와 조사에 활용해요.**

우리 고장 위인과 옛이야기를 찾아야 한다고요?
《우리 고장 위인 찾기》가 있다면 걱정 없어요.
알짜만 쏙쏙 뽑아낸 위인 정보는 물론 재미있는 이야기가 실려 있어요.

● **생생한 역사 체험 학습을 떠나요.**

우리 고장에 남겨진 위인의 발자취는 체험 학습의 훌륭한 길잡이가 될 거예요.
위인과 관련된 유적지부터 고장의 명소와 축제까지 다양하게 소개합니다.

차례

강원도 소개 | 강원도는 어떤 곳일까? · 8

01 나무 사자로 우산국을 정복한 신라 장군
이사부 | 삼척 · 10

02 신라 시대에 불교를 발전시킨 스님
의상 | 양양 · 20

03 고려의 충신이자 조선의 왕이 존경한 스승
원천석 | 원주 · 30

04 뛰어난 화가이자 지혜로운 어머니
신사임당 | 강릉 · 38

05 최초의 한글 소설 《홍길동전》을 쓴 학자
허균 | 강릉 · 48

06 역사에 이름을 남긴 여성 성리학자
임윤지당 | 원주 · 56

07  우리나라 최초의 여성 의병장
윤희순 | 춘천 · 64

08  나라꽃 무궁화를 널리 퍼뜨린 독립운동가
남궁억 | 홍천 · 72

09  민족의 슬픔과 독립을 노래한 시인
한용운 | 인제 · 80

10  〈메밀꽃 필 무렵〉을 쓴 소설가
이효석 | 평창 · 90

11  병과 싸우며 소설을 쓴 작가
김유정 | 춘천 · 98

12  '국민 화가'로 불리는 진실한 화가
박수근 | 양구 · 104

위인 따라 강원도 체험 학습 · 112
더 알아보는 위인 | 우리도 강원도 위인이야! · 114
강원도 위인 찾기 · 116

 **강원도** 소개

강원도는 어떤 곳일까?

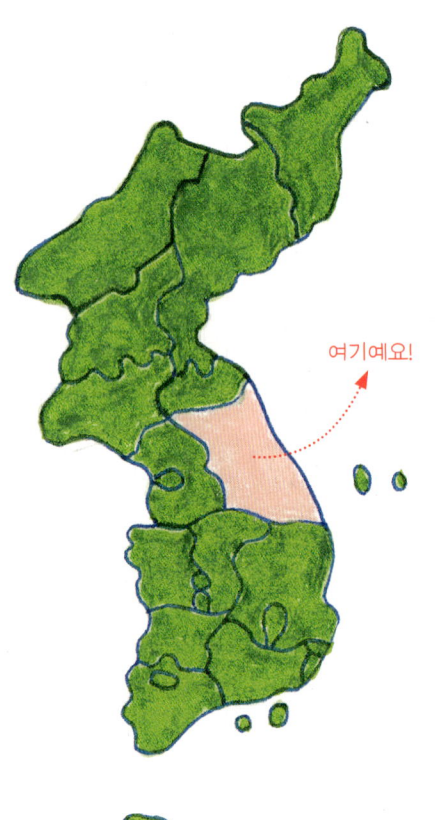

여기예요!

강원도의 역사

강원도는 한반도 중간 지역의 동쪽에 위치해요. 일찍부터 사람이 살던 곳으로, 고조선 시대에는 예맥족이 살았어요. 예맥족은 '옥저'와 '동예'라는 나라를 세웠어요. 삼국 시대 초에는 일부 지역이 백제의 영향을 받았어요. 광개토 대왕 때 고구려에 정복되었고, 신라 진흥왕 때부터 신라 땅이 되었어요. '강원도'로 불린 것은 조선 시대부터예요. 당시 이곳을 대표하는 도시였던 강릉과 원주의 머리글자를 따서 강원도로 부르게 되었지요. 나라가 남북으로 나뉘면서 일부는 남한에, 일부는 북한에 속하게 되었어요.

강원도의 자연

면적의 80퍼센트 이상이 산과 숲이에요. 북쪽에서 남쪽으로는 태백산맥이 뻗어 있지요. 금강산, 설악산, 오대산, 태백산, 치악산 등 유명한 산이 있답니다. 금강산은 북한에 속한 곳이라 지금은 갈 수 없지요. 강원도는 우리나라를 대표하는 큰 강인 남한강, 북한강, 낙동강이 흐르기 시작하는 곳이기도 해요. 강원도의 동쪽은 해안선을 따라 동해와 접해 있어 해수욕장이 많아요. 아름다운 자연이 깨끗하게 보존되어 있어 반달곰과 두루미 같은 천연기념물 동물이 살고 있어요.

강원도의 문화유산

강원도를 대표하는 문화유산으로는 오대산 상원사 동종, 월정사 팔각 9층 석탑, 청평사 회전문 등이 있어요. 오대산 상원사 동종은 우리나라에서 가장 오래되고 고유한 특색을 지닌 종으로, 국보 제36호예요. 월정사 팔각 9층 석탑은 당시 불교 문화의 화려한 아름다움을 보여 주는 고려 시대의 대표 작품이지요. 청평사 회전문에는 공주를 사랑하다 죽어 뱀이 된 청년에 대한 전설이 전해져요. 그 밖에도 의상 대사가 세운 낙산사, 신사임당과 이이가 태어난 오죽헌도 유명하지요. 전통 축제인 강릉 단오제와 민요인 정선 아리랑도 우리나라 무형문화재랍니다.

강·원·도·위·인 | 01

나무 사자로 우산국을 정복한 신라 장군

이사부

신라 | ? ~ ? | 장수

삼척은 이런 곳이에요

삼척은 강원도 동남쪽 끝에 있어요. 크고 웅장한 동굴 등 볼거리가 다양해요. 이사부 독도 축제와 해맞이 축제 같은 여러 행사들이 열리지요. 날씨가 좋은 날엔 해안을 따라 해양 레일 바이크를 탈 수 있어요.

전쟁에선 힘이 전부가 아니야. 무엇보다도 머리를 써야지. 그래야 피해도 줄이면서 손쉽게 이길 수 있거든. 나는 이런저런 전략으로 다른 나라를 정복하고 신라의 땅을 넓혔어.

인물 소개

이사부 장군은 신라 시대 장군이에요. 지금의 삼척과 강릉 지역을 다스렸지요. 이사부 장군은 임금의 명에 따라 우산국을 신라 영토로 확실히 만들어 놓았어요. 이 우산국이 지금의 울릉도예요. 이사부 장군의 활약으로 울릉도에 속한 독도는 신라 시대부터 우리 땅이 되었어요. 오늘날 삼척에서는 이사부 장군을 기리는 다양한 행사가 열린답니다.

이사부의 이모저모

- **시대**: 삼국 시대 (신라)
- **생년월일**: 알려져 있지 않아요.
- **활동시기**: 지증왕 ~ 진흥왕 때
- **특기**: 뛰어난 전략 짜기
- **직업**: 장군
- **별명**: 사자 장군

 우리가 알아야 할 **이사부** 이야기

사자상을 만들어라!

신라 제22대 왕인 지증왕 때였어요. 신하들이 왕께 고했어요.

"동쪽 바다에 있는 우산국이 조공*을 바치지 않는다 하옵니다."

"섬의 지형이 험해 우리가 함부로 다가오지 못하리라 믿는 듯합니다."

"조그만 나라가 우리 신라를 얕보게 둘 순 없지."

지증왕은 이사부 장군을 불러, 우산국에 본때를 보여 주라고 명령했어요. 이사부 장군은 우산국을 자세히 조사했어요.

'우산국이 작은 섬나라이긴 해도 만만치 않구나. 신라에서 거리도 먼 데다, 파도가 거세 배를 끌고 무사히 가기도 쉽지 않을 거야.'

몇 날 며칠 동안 고민하던 이사부 장군의 머릿속에 좋은 생각이 떠올랐어요.

'그래! 이 방법이면 우리 군사의 피해를 최대한 줄이면서 우산국을 금방 굴복시킬 수 있을 거야.'

이사부 장군은 당장 부하들에게 명령을 내렸어요.

"나무를 베어 와라. 커다란 나무 사자 조각상을 만들 것이다. 목공들과 기술자들을 불러 모아라."

군사들은 어리둥절해하면서도 이사부 장군의 말에 따랐어요.

"군사 훈련은 안 하시고 갑자기 사자상은 왜 만드시지?"

"장군님이 어디 괜한 일을 하실 분인가. 때가 되면 알겠지."

★ **조공** 힘이 약한 나라가 힘이 센 나라에 때맞추어 돈이나 물건을 바치던 일

며칠 뒤, 조각상이 만들어졌어요. 부리부리한 눈에 날카로운 이빨이 달린 사자상들은 용맹스러워 보였어요. 이사부 장군이 말했어요.

"우리 부대는 이제 우산국으로 떠난다. 배에 사자상들을 싣도록 하라!"

이사부 장군과 군사들, 커다란 사자상들을 태운 배가 동쪽 바다로 나아갔어요. 한편, 우산국 사람들은 섬으로 점점 다가오는 신라 배를 보았어요.

"엇, 저게 뭐지?"

배에서 이사부 장군이 외쳤어요.

"우산국은 어서 신라에 항복하라! 그렇지 않으면 이 괴물들을 풀어 우산국을 쑥대밭으로 만들어 버리겠다!"

"히익! 육지에 저렇게 무서운 괴물들이 있었다니!"

"살려 주십시오! 꼬박꼬박 조공을 바치고 신라를 섬기겠습니다!"

우산국은 바로 신라에 항복했어요. 이사부 장군의 작전 덕분에 신라는 다치거나 죽는 사람 없이 우산국을 정복했지요.

이사부의 업적 이야기

이사부는 뭘 했을까?

뛰어난 작전으로 가야를 정복

이사부 장군은 우산국과 가야, 백제, 고구려와 전투를 벌여 이겼어요. 그는 전쟁에서 기발한 작전을 펼쳐 전쟁을 승리로 이끌었지요. 이사부 장군은 가야를 정복할 때도 꾀를 냈어요. 그는 신라와 가야 국경에서 매년 병사들이 말을 타고 놀도록 했어요. 군사들은 장군의 명령대로 들판에서 말을 타며 돌아다녔지요. 처음에 가야 군사들은 신라가 쳐들어오는 줄 알고 깜짝 놀랐어요. 하지만 이 일이 반복되자 가야에선 그러려니 하며 마음을 놓았지요. 이사부 장군은 그 틈을 노렸어요. 말을 탄 병사들을 불러 모아 가야를 공격했지요. 별다른 준비를 하지 않았던 가야는 신라군에게 당하고 말았어요. 이렇게 이사부 장군은 가야의 일부 땅을 신라의 것으로 만들었어요.

하하, 내 작전을 이렇게 칭찬하다니 부끄럽군.

삼척의 군주

505년, 이사부 장군은 실직주 군주★가 되었어요. 실직주는 지금의 삼척 일대를 뜻해요. 원래는 '실직국'이라는 작은 나라였는데, 지증왕 때 신라 영토가 되었어요. 이사부 장군은 실직주의 군주로 있으면서 군사를 정비했어요. 그러다가 나중엔 지금의 강릉인 아슬라주의 군주로 발령을 받았는데, 얼마 안 가 우산국을 정벌하러 떠났어요. 역사학자들은 이사부 장군이 실직주에서 우산국을 정복할 계획을 짜고 있었다고 추측해요.

★ **군주** 신라 때 각 주를 다스리던 으뜸 벼슬

독도가 우리 땅임을 분명히 함

독도는 울릉도에 속한 섬이에요. 그런데 일본에선 독도가 일본 땅이라고 주장하며, 다케시마라고 불러요. '다케시마의 날'을 만들고 외국에도 독도가 일본 섬이라고 주장해요. 그래서 우리나라에서도 독도를 빼앗기지 않기 위해 독도가 한국 땅임을 알리지요. 우리나라의 여러 역사책에는 독도가 우리 땅이라고 적혀 있어요. 그중 첫 번째 역사 기록이 '이사부 장군의 우산국 정벌'이에요. 당시 우산국은 지금의 울릉도예요.《삼국사기》에 따르면 512년에 이사부 장군이 우산국을 공격해 우산국이 신라 땅임을 분명히 하고 돌아왔어요. 이미 삼국 시대부터 독도는 우리나라 땅이었던 거지요.

독도

역사책을 만들자고 주장

이사부 장군은 영토뿐 아니라 여러 부문에서 신라의 발전을 생각할 줄 알았어요. 545년 진흥왕 때, 이사부 장군은 임금에게 신라 역사책인《국사》를 만들어야 한다고 했어요. '임금과 신하의 선악을 기록해 후손들에게 옳고 그름을 보여 주고자 함입니다. 역사책이 아니면 후대에 무엇을 남기겠습니까.'라며 역사책을 써야 하는 이유를 밝혔지요. 진흥왕은 이사부 장군의 의견을 받아들여 '거칠부'라는 신하에게 이 임무를 맡겼어요. 그는 왕명을 받들어《국사》를 완성했어요. 아쉽게도《국사》는 오늘날까지 전해지지는 않아요. 그런 책이 있었다는 사실이 역사 기록에 남아 있을 뿐이지요.

 **이사부**와 함께 보기

이사부 장군을 기념하는 행사

삼척 동해왕 이사부 독도 축제

이사부 장군을 기념하는 축제예요. 매년 9월 삼척시에서 열리지요. 이사부 장군과 독도를 주제로 한 행사가 펼쳐져요. 무용부터 국악 예술단 공연, 이사부 퀴즈, 독도 콘서트 등이 있지요. 재미있는 행사도 즐기면서 우리 역사와 독도에 대한 지식을 알아 갈 수 있는 축제예요.

삼척 이사부 장군 배 전국 바다 수영 대회

매년 여름에는 이사부 장군을 기념하는 수영 대회가 열리고 있어요. 삼척 해수욕장에 모여 1킬로미터의 바다를 수영하지요. 성인이면 누구나 참여할 수 있고, 분야별로 상금도 많아요.

삼척의 또 다른 위인

허목 (1595~1682) 문신

난 조선 시대에 벼슬을 지낸 학자야. 내겐 재미있는 별칭이 많아. 어른들 말에 의하면 내가 태어났을 때 손바닥에 문(文) 자가 새겨져 있었다는구나. 그래서 나는 '문보(文甫)'라고 불렸단다. 또 내 호는 '미수(眉叟)'였어. '눈썹 미(眉)'에 '늙은이·어른이란 뜻의 수(叟)' 자를 썼지. 내 눈썹이 아주 길었거든. 거의 눈을 덮을 정도였어. 나는 문신이었지만, 과거 시험을 보지 않았어. 그런데 어떻게 벼슬자리에 올랐느냐고?

원래 나는 산속에 틀어박혀 학문을 연구하고 있었어. 그러다 1657년에 다른 이의 추천으로 벼슬을 받았지. 하지만 정치 싸움에 휘말려서 지방으로 밀려나야 했어. 이때 삼척 부사가 되어 삼척을 위해 열심히 일했단다. 삼척에 대한 정보를 정리하여 《척주지》라는 책도 썼어.

한번은 이런 일도 있었지. 어느 날, 삼척에 바닷바람이 너무 심하게 몰아쳤어. 파도 때문에 물난리가 났지. 나는 고민하다가 동해를 찬양하는 글을 지었어. 그 글을 비석에 새겨 세웠더니 성난 바다가 잠잠해졌단다. 나중에 나는 다시 서울로 돌아갔어. 이조 판서와 우의정 같은 높은 벼슬을 지냈지.

높은 벼슬도 했지만 신하들의 세력 다툼에 질려 벼슬을 그만두었어. 그 이후엔 경기도 연천에서 조용히 학문을 연구했단다.

역사 **체험 학습**

이사부의 발자취

이사부 사자 공원

📍 강원도 삼척시 증산동

이사부의 업적을 기념하는 공원이에요. 산책로와 놀이터가 있고, 전망대로 올라가서 바다를 구경할 수 있어요. 이사부의 삶과 업적을 살펴볼 수 있답니다.

나에 대해 더 알고 싶다면 이곳에 찾아와 보렴!

삼척의 볼거리

삼척 죽서루

- 강원도 삼척시 성내동
- 보물 제213호

강원도 동해안의 경치가 좋기로 이름난 8곳(관동팔경) 중 하나예요. 고려 때 세워졌는데, 조선 태종 때 이르러 고쳐 지었어요. 죽서루에는 허목, 이이 등 여러 유명 학자들이 쓴 글이 걸려 있어요.

삼척 두타산 이승휴 유적

- 강원도 삼척시 미로면
- 사적 제421호

고려 후기 학자인 이승휴가 머물던 곳이에요. 이승휴는 왕에게 정치적인 문제들을 비판하는 글을 올렸어요. 그러다가 벼슬에서 물러나게 되었지요. 이승휴는 깊은 산 속으로 들어가다가 두타산에 이르렀어요. 그는 이곳에 집을 짓고 《제왕운기》라는 역사책을 썼어요.

삼척 교수당

- 강원도 삼척시 근덕면
- 강원도 유형문화재 제61호

고려 문신 홍준이 1388년에 세웠어요. 홍준은 교수당에서 제자들을 가르쳤지요.

강·원·도·위·인 | 02

신라 시대에 **불교를 발전시킨** 스님

의상

신라 | 625~702 | 승려

양양은 이런 곳이에요

양양은 강원도 동부에 있는 군이에요. 산과 바다, 계곡을 한데 품고 있어요. 자연 경관이 뛰어나서 관광객들의 발길이 끊이지 않지요. 여러 박물관과 문화재에서 우리나라의 역사를 살펴볼 수 있답니다.

그거 아니? 우리는 모두 하나로 이어져 있어. 몸과 마음을 갈고닦으면 남에게도 좋은 영향을 준단다. 나도 신기한 일을 많이 겪었지.

인물 소개

의상 대사는 통일 신라 시대에 불교의 한 갈래인 화엄종을 일으켰어요. 중국 당나라에 가서 불교 경전*을 공부했고, 신라로 돌아와서 《화엄경》을 가르쳤지요. 그를 따르는 제자들은 수천 명이었어요. 의상 대사는 낙산사, 부석사 등을 짓고 제자를 가르치며 불교를 전하려고 노력했어요. 낙산사가 세워진 곳이 바로 강원도 양양군이지요.

의상의 이모저모

시대
삼국 시대 … 통일 신라

생년월일
625년에 태어났어요.

관련 장소
양양에 낙산사를 세웠어요.

특기
용과 대화하기

한마디
원효 대사를 안다면 나도 알겠지?

직업
승려

★ **경전** 종교의 원리나 이치를 적은 책

 우리가 알아야 할 **의상** 이야기

의상 대사에게 나타난 용

의상 대사는 낙산 해변을 거닐었어요. 그런데 동쪽에 깊은 굴 하나가 보였어요. 굴 앞으로 바닷물이 넘실거렸지요.

"관세음보살님이 계신다는 곳이 저 굴이구나! 보살님께 예를 갖추어야겠다."

의상 대사는 경건한 마음으로 온몸을 깨끗이 씻었어요. 그런 다음 사람을 불러다 굴 앞에 돗자리를 깔게 했어요. 의상 대사는 돗자리에 앉았어요. 그때, 바닷속에서 용 8마리가 나왔어요.

"이럴 수가!"

의상 대사가 미처 피하기도 전에 용들이 의상 대사를 데리고 굴속으로 들어갔어요. 굴 깊숙이 들어온 의상 대사는 주위를 두리번거렸어요.

"왜 나를 여기에 데려온 거지?"

그러다 눈앞에 놓인 불상을 발견했어요. 의상 대사는 불상 앞에 큰절을 했어요. 그랬더니 공중에서 수정으로 만들어진 염주가 내려왔어요. 의상 대사는 수정 염주를 조심스레 받아 들었어요.

의상 대사가 굴 밖으로 걸어 나오자, 용이 이번에는 여의주를 들고 나타났어요. 용이 말했어요.

"용왕님께서 말씀하셨다. 낙산으로 올라가면 대나무 2그루가 있을 것이다. 그 자리가 터가 좋고 훌륭하다. 그곳에 절을 지으면 크게 번창할 것이다."

그러더니 용은 의상 대사에게 여의주를 건네고 사라졌어요.

"이건 분명 우리 신라에 불교를 전하려는 관세음보살님의 뜻이야!"

의상 대사는 낙산 위로 올라갔어요. 그런데 용이 한 말과는 다르게 대나무는 보이지 않았어요. 의상 대사가 곳곳을 찾아보았지만 소용없었어요.

그때 다시 바다에서 이런 소리가 들렸어요.

"걱정 말거라. 차분히 기다리면 보일 것이니라."

의상 대사는 귀가 번쩍 뜨였어요. 염주를 돌리며 밤낮으로 기도했지요. 일주일쯤 지났을 때였어요. 의상 대사의 눈에 조그만 죽순 두 개가 땅 위로 삐죽 솟아오른 모습이 보였어요. 죽순들은 금방 쑥쑥 자라더니 커다란 대나무가 되었어요.

"바로 이곳이로구나!"

의상 대사는 기뻐하며 이곳에 절을 지었어요. 그리고 절을 '낙산사'라고 불렀답니다.

의상의 업적 이야기

의상은 뭘 했을까?

동쪽 나라에서 온 귀한 손님

의상 대사는 황복사★에서 머리를 밀고 스님이 되었어요. 그는 부처님 말씀을 더 깊이 배우고 싶었어요. 그래서 원효 대사와 함께 당나라 유학길에 올랐지요. 그런데 가는 도중, 고구려에서 붙잡혔어요. 고구려인들이 의상 대사와 원효 대사를 첩자로 오해하고 그들을 가둔 거예요. 두 스님은 고생 끝에 빠져나왔어요. 당나라 땅은 밟아 보지도 못한 채 신라에 돌아왔지요.

약 10년 뒤, 의상 대사는 홀로 당나라에 갔어요. 거기서 지엄 스님(지상 대사)에게 화엄종을 배울 생각이었어요. 화엄종은 불교의 한 갈래예요. '우주의 모든 사물은 서로 연결되어 있으며 조화를 이룬다.'라는 것을 핵심으로 삼아요. 지엄 스님은 의상 대사를 만나기 하루 전 신비한 꿈을 꾸었어요. 동쪽에서 거대한 나무가 자라 하늘이 나뭇잎으로 뒤덮였어요. 지엄 스님은 나무 위로 올라갔다가, 봉황의 둥지를 발견했어요. 둥지 안에는 여의주가 놓여 있었어요. 다음 날, 지엄 스님은 아주 특별한 손님이 오리라고 예상했어요. 옷을 차려입고 손님을 기다렸지요. 그 손님이 의상 대사였어요. 지엄 스님은 꿈속의 동쪽이 신라임을 깨달았어요. 그 후 의상 대사는 지엄 스님에게 《화엄경》을 배웠어요.

★ **황복사** 오늘날에 절은 남아 있지 않고 터만 있어요. 이곳에 있는 3층 석탑은 신라 시대 석탑의 모습을 잘 보여 주지요.

경주 황복사지 3층 석탑(국보 제37호)

나라를 구하기 위해 돌아옴

당나라에서 지내던 어느 날, 의상 대사에게 한 신라 사람이 찾아왔어요. 그는 의상 대사에게 깜짝 놀랄 소식을 전했어요. 당나라가 신라에 쳐들어갈 준비를 하고 있으며, 그 계획이 새어 나갈까 봐 신라 사신을 가두어 놓았다는 이야기였어요. 의상 대사는 신라에 이를 알리기 위해 당나라를 떠나기로 결심했어요. 아무리 공부가 중요해도 나라의 위험을 모른 척할 수 없었기 때문이었어요. 의상 대사는 670년 즈음에 고국으로 돌아왔어요. 그리고 문무왕에게 이 소식을 전했지요. 의상 대사가 미리 전한 덕분에 신라는 당나라의 공격을 막아 낼 수 있었어요.

신라에 화엄종을 전파

신라에 자리 잡은 의상은 전국 곳곳을 돌아다니며 《화엄경》을 열심히 전했어요. 낙산사부터 부석사, 구룡사 등 여러 지역에 절을 짓고 강연을 하러 다녔어요. 그렇게 우리나라에 화엄종을 일으켰어요. 그런가 하면 화엄 사상을 요약한 시 〈화엄일승법계도〉를 썼고, 〈백화도량발원문〉이라는 글을 지어 관세음보살님께 기도를 드렸어요. 의상 대사를 따르는 사람도 많았어요. 무려 3천 명이 넘는 제자들이 의상에게 가르침을 받았어요. 그중 유명한 제자가 10명 있었는데 이들을 '의상십철'이라고 불렀지요. 능인, 상원, 오진, 지통, 표훈, 진정, 진장, 도융, 양원, 의적 스님이에요.

 의상과 함께 보기

의상 주위의 사람들

지엄 (602~668) 당나라 승려

나는 의상에게 《화엄경》을 가르쳤어. 어렸을 때도 불교 공부를 좋아해서 불경을 읽었어. 나중에 《화엄경》을 공부했고, 제자들에게도 가르쳤어.

원효 (617~686) 신라 승려

'해골 물 이야기' 들어 봤니? 내가 그 주인공이야. 난 귀족 중심이었던 불교를 많은 백성들에게 알리려고 노력했어. 의상 스님과는 꽤 친하게 지냈어. 나보다 여덟 살이나 어렸는데도 말이 잘 통했지. 우린 함께 당나라 유학길에 오르기도 했어. 비록 나는 신라에 남고 의상 스님만 당나라로 가긴 했지만 말이야.

문무왕 (626~681) 신라 제30대 왕

당나라로부터 신라를 지켜 내고 삼국 통일을 이루었단다. 의상 대사가 미리 알려 준 덕분에 전쟁 준비를 잘할 수 있었어. 동해안의 대왕암에 나를 묻으면, 용이 되어 죽어서도 신라를 지키겠다는 유언을 남긴 것으로 유명해.

원효 대사 해골 물 이야기

원효와 의상은 당나라로 유학을 가고 있었어요. 그런데 산길을 걷던 중 날이 저물어 주위가 깜깜해졌지요. 두 스님은 밤사이 쉬어 갈 곳을 찾았어요. 마침 토굴 하나가 보였지요.

피곤했던 두 사람은 금방 잠이 들었어요. 그런데 세상모르고 자던 중 원효가 갑자기 잠에서 깨어 주위를 더듬기 시작했어요. 목이 몹시 말랐거든요. 주변을 더듬던 원효의 손에 동그란 바가지 같은 것이 잡혔어요. 원효는 그 안에 든 물을 벌컥벌컥 들이켰어요. 아주 달고 시원했지요.

다음 날, 잠에서 깬 원효는 깜짝 놀랐어요. 바가지는 사실 해골이었고, 굴은 무덤이었거든요.

'아, 어제 마신 물이 해골 물이었다니!'

원효는 머리가 어지럽고 속이 몹시 안 좋았어요. 웩웩 구역질이 났지요. 그런데 원효의 머릿속에 갑자기 이런 생각이 떠올랐어요.

'아무리 해골 물인 줄 몰랐다지만, 밤에는 어떻게 그렇게 맛있게 마신 걸까?'

한참 생각하던 원효는 빙그레 미소를 지었어요. 그러더니 의상에게 이렇게 말했지요.

"의상 스님, 저는 당나라 유학을 가지 않겠습니다."

"예? 그게 무슨 말씀이에요?"

"어젯밤 저는 이 해골에 든 물을 아주 달게 마셨습니다. 오늘은 그게 해골 물이었다는 걸 알고 구역질을 했지요. 하지만 어제나 오늘이나 이 물은 달라지지 않았습니다. 달라진 건 제 마음일 뿐이지요. 이처럼 모든 것은 우리 마음 그 자체에 달린 것이 아닐까요? 전 신라에 남아 마음공부에 더 힘쓰고 싶습니다."

그리하여 원효는 신라에 남았고, 의상은 당나라로 유학을 떠났어요. 서로 다른 길을 갔지만 두 사람은 모두 신라를 대표하는 훌륭한 승려가 되었답니다.

역사 **체험 학습**

의상의 발자취

낙산사

📍 강원도 양양군 강현면
♦ 사적 제495호

671년에 의상 대사가 세운 절이에요. 관세음보살이 머물렀다는 오봉산에 지어져서 '낙산사'라는 이름이 생겼어요. 오봉산을 낙산이라고도 부르기 때문이지요. 낙산사는 '관동팔경' 중 하나예요.

구룡사

📍 강원도 원주시 소초면

치악산에 있는 절이에요. 668년 의상 대사가 지었어요. 의상 대사와 9마리 용의 설화가 얽혀 있는 곳이에요. 의상 대사가 좋은 절터를 찾았는데, 그곳에 용 9마리가 살고 있었어요. 용들과 의상 대사는 내기를 벌였는데, 용들이 져서 달아났지요. 그 후 의상 대사는 이곳에 '구룡사'를 지었어요.

양양의 볼거리

양양 오산리 유적

📍 강원도 양양군 손양면

♦ 사적 제394호

동해안에서 발굴된 선사 시대 유적지예요. 한반도의 신석기 시대를 알려 주는 귀중한 자료이지요. 그 옆에는 오산리 선사 유적 박물관이 있어요. 신석기 시대 사람들의 생활 모습을 살펴볼 수 있지요. 또한 양양을 비롯한 강릉, 고성 지역에서 발굴된 유물들도 전시하고 있답니다.

양양 진전사지 3층 석탑

📍 강원도 양양군 강현면

♦ 국보 제122호

8세기 후반 통일 신라 때 세워진 석탑이에요. 진전사 옛 터에 있는데, 터 주변에서 '진전'이라고 새겨진 기와가 발견되면서 절의 이름이 밝혀졌답니다. 각 층에는 불상들이 섬세하게 조각되어 있어요. 통일 신라 시대를 대표하는 석탑으로 꼽혀요.

강·원·도·위·인 | 03

고려의 충신이자 조선의 왕이 존경한 스승

원천석

고려, 조선 | 1330 ~ ? | 문인

원주는 이런 곳이에요

원주는 강원도의 남서쪽에 있어요. 조선 시대에 발달한 지역 중 하나로, 강원 감영*이 있었지요. 강원도의 '원' 자는 원주에서 따온 이름이에요. 또한 원주시는 강원도에서 가장 인구가 많은 도시예요.

★ **감영** 조선 시대에, 관찰사가 직무를 보던 관아

> 난 조선이 들어서는 모습을 보며 몹시 슬펐어. 남은 생을 깊은 산속에 숨어 살며 시를 벗 삼아 지냈단다. 왕이 찾아온들 고려를 향한 마음은 꺾이지 않더군.

인물 소개

원천석은 과거 시험에 합격했지만, 벼슬살이를 오래 하지 않고 치악산에 머물렀어요. 그는 기울어 가는 고려를 보며 몹시 안타까워했어요. 그 마음을 시에 담았지요. 조선이 세워진 뒤, 태종(조선의 제3대 왕)은 스승이었던 원천석을 신하로 쓰고자 그를 직접 찾아갔어요. 하지만 원천석은 거들떠보지도 않았지요. 그는 끝까지 고려의 신하로 남고자 했어요.

원천석의 이모저모

- **시대** 고려 ⋯ 조선
- **생년월일** 1330년에 태어났어요.
- **태어난곳** 개성에서 태어났어요.
- **특징** 충신, 왕의 스승
- **직업** 문인
- **특기** 시 짓기

 우리가 알아야 할 **원천석** 이야기

스승을 찾아온 왕

왕이 된 태종은 꼭 하고 싶은 일이 있었어요.
"운곡* 원천석을 조정*으로 데려오라! 그에게 후한 벼슬을 내릴 것이다."
하지만 원천석이 한양에 도착했다는 소식은 들려오지 않았어요.
"아직도 운곡을 데려오지 못했느냐?"
"예, 전하. 그자가 번번이 거절하였다 하옵니다."
그 말을 들은 태종은 깊이 생각에 잠겼어요.
'어릴 적 스승을 모시기가 이토록 힘들다니! 하긴 스승님은 고려를 지키고자 하셨지. 조선을 세우는 데 앞장서고, 왕까지 된 내가 원망스러울지도 모른다.'
어느 날, 태종은 신하와 함께 궐 밖으로 나섰어요.
"이랴! 치악산으로 가자. 내가 직접 갈 것이다."
한편, 치악산에서 책을 읽던 원천석이 이 소식을 들었어요.
"뭐라고? 왕께서 몸소 오신단 말이냐?"
원천석은 안절부절못하다가 결국 짐을 싸기 시작했어요.
'제자를 올바르게 가르치지 못해 고려가 망했다. 어찌 그와 마주하겠는가?'
원천석은 어깨에 짐을 메고 내려갔어요. 그러다가 어떤 할멈을 만났어요.
"누가 날 찾거든, 저 길로 갔다고 말해 주시오!"
원천석은 손가락으로 한쪽 길을 가리켰어요. 그리고 그와는 전혀 다른 방향으로 빠르게 걸어갔지요. 며칠 뒤, 태종이 신하들을 이끌고 치악산에 도착했어요. 태종이 말했어요.

"이 근처에 원천석이란 양반이 살고 있다고 들었다. 그 사람이 있는 곳을 아는 자에게 상을 내리겠노라."

그때 그 할멈이 나서서 말했어요.

"그는 저쪽 길로 갔습니다."

노파는 원천석이 일러 준 방향을 가리켰어요. 태종은 그쪽 방향으로 서둘러 갔어요. 하지만 아무래도 찾을 수 없었어요. 그렇게 3일이나 지났어요. 결국 신하가 말했어요.

"전하, 조정을 이리 오래 비우시면 좋지 않습니다."

결국, 태종은 말 머리를 돌려 한양으로 올라갔어요.

'아쉽구나. 죽기 전에 한 번은 스승님을 만나 뵐 수 있겠지.'

★ **운곡** 원천석의 호예요. 호는 본명 외에 편하게 부르려고 지은 이름을 말해요.
★ **조정** 임금이 신하들과 나랏일을 하는 곳

원천석의 업적 이야기

원천석은 뭘 했을까?

> 고려의
> 역사를 기록

원천석은 고려 말기의 역사를 글로 남겼어요. 총 6권의 《야사》를 썼어요. '야사'란 일반 백성들이 쓴 역사책을 말해요.

기존의 나라를 무너뜨리고 새로운 나라를 세울 때면 역사가 조작되기도 해요. 새로운 나라와 왕의 좋은 점을 돋보이게 하기 위해서지요.

고려 말, 조선 초에도 고려를 깎아내리고 조선 건국의 좋은 점만 이야기하려는 움직임이 있었어요. 그래서 원천석은 고려 말기에 자신이 바라본 진짜 역사를 남기기 위해 《야사》를 썼지요.

안타깝게도 원천석의 《야사》는 오늘날 남아 있지 않아요. 원천석은 후손들에게 《야사》를 남겼어요. 그런데 후손들은 원천석이 남긴 역사가 조선에서 쓴 역사 내용과 다르자 두려움에 떨었어요. 이 책이 세상에 알려지면 자신들의 목숨이 위험해질 수도 있었으니까요. 결국 후손들은 원천석이 쓴 《야사》 6권을 불태워 버렸어요.

> 내 눈으로 바라본 고려의 역사를 쓰겠어. 공정한 이야기를 쓸 거야.

태종의 스승

원천석은 이방원의 스승이었어요. 이방원은 나중에 조선의 3번째 왕 태종이 되었지요. 고려 말기, 이방원은 각림사에 머물면서 공부를 한 적이 있었어요. 그때 원천석을 만났지요. 원천석은 한동안 이방원을 가르쳤어요. 이방원은 스승 원천석을 잘 따랐지요.

왕위에 오르고 나서 태종은 원천석을 조정으로 불러들이려고 애썼어요. 옛 스승을 모시고 초기 조선의 기틀을 잡는 데 의견을 구하고 싶었지요. 태종은 여러 차례 원천석을 궁궐로 불렀어요. 그때마다 원천석은 고개를 돌렸어요. 태종이 직접 찾아갔을 때에도 자리를 피했지요. 하늘을 나는 새도 떨어뜨리는 왕의 명령을 백성이 거절한 셈이에요. 둘은 태종이 왕위에서 물러난 뒤에야 다시 만날 수 있었어요.

역사를 담은 시집 《운곡시사》

원천석은 살면서 수많은 시를 지었어요. 무려 천 편이 넘는 시를 썼지요. 오늘날에는 그의 시를 모은 책 《운곡시사》가 남아 있어요. '운곡'은 원천석이 스스로 지은 호예요. '시사'는 '역사를 담은 시'라는 뜻이지요. 원천석은 1351년부터 1394년까지 있었던 일들을 시로 표현했어요. 나라가 바뀌던 고려 말기부터 조선 초기를 다룬 셈이에요. 《운곡시사》에는 억울하게 자리에서 물러나게 된 왕들의 이야기와 최영 장군의 죽음, 고려 말 백성의 어려운 삶을 다룬 내용 등이 실려 있어요. 그래서 《운곡시사》는 우리 역사를 연구하는 데 중요한 자료로 쓰여요.

 **원천석**과 함께 보기

원천석의 시 읽기

눈 맞아 휘어진 대를

눈 맞아 휘어진 대를 뉘라서 굽다턴고
구블 절(節)이면 눈 속에 프를소냐
아마도 세한고절(歲寒孤節)은 너뿐인가 하노라

원천석이 남긴 시조예요. 대, 그러니까 대나무는 추운 겨울도 잘 견디는 나무예요. 그래서 시에서는 올곧은 선비를 표현할 때 자주 쓰이지요. 첫 줄은 눈에 맞아 휘어져 있는 대나무를 노래하고 있어요. 둘째, 셋째 줄에서는 추위에도 홀로 절개를 지키며 여전히 푸른 대나무의 모습을 칭찬하지요. 힘든 상황에서도 고려를 향한 충심을 지켰던 원천석의 마음이 잘 담겨 있어요.

흥망이 유수하니

흥망이 유수하니 만월대도 추초로다
오백 년 왕업이 목적에 부쳐시니
석양에 지나는 나그네가 눈물겨워 하더라

'흥망'은 부흥하고 망함을, '유수'는 순서가 정해져 있음을 뜻해요. '만월대'는 고려의 궁궐터를 의미하며 '추초'는 가을 풀을 뜻해요. 풀이하자면 '나라가 흥하고 망함에는 운명이 정해져 있으니, 고려 궁궐터에는 가을 풀만 우거져 있다.'라는 뜻이에요. 이처럼 첫째, 둘째 줄에서는 고려가 기울어 가는 모습을 그리고 있는 거랍니다. 마지막 줄의 저무는 해(석양)는 그런 고려의 운명과도 닮아 있어요. 이 석양을 보며 눈물짓는 나그네는 아마 원천석 자신의 모습이 아닐까요?

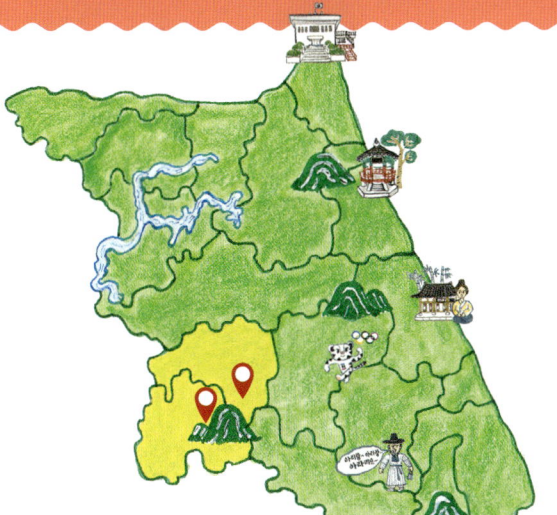

역사 **체험 학습**

원천석의 발자취

원주 운곡 원천석 묘역

- 강원도 원주시 행구동
- 강원도 기념물 제75호

원천석이 묻힌 자리예요. 원천석은 벼슬에서 물러나 원주의 치악산으로 들어가 살았지요.

입석사 석탑

- 강원도 원주시 소초면
- 강원도 문화재자료 제19호

입석사라는 절에 세워진 탑이에요. 태종이 치악산에 들어가서 나오지 않는 원천석을 생각하며 세웠대요.

태종대

- 강원도 횡성군 강림면
- 강원도 문화재자료 제16호

조선 태종이 스승 원천석을 기다리며 머물렀던 곳이에요. 원래 이곳은 '주필대'라고 불렸는데 태종이 머물렀다 하여 '태종대'로 바뀌었어요.

강·원·도·위·인 | **04**

뛰어난 화가이자 지혜로운 어머니

신사임당

조선 | 1504 ~ 1551 | 화가

강릉은 이런 곳이에요

강릉은 영동 지방*을 대표하는 도시예요. 농업, 축산업, 수산업이 고루 발달했지요. 동해와 맞닿아 있어서 여름엔 시원하고 겨울엔 따스한 편이에요. 관동팔경인 경포대 해수욕장과 오죽헌이 유명해요.

★ **영동 지방** 강원도에서 대관령 동쪽에 있는 지역

내 얼굴이 익숙한 친구들이 있을 거야. 5만 원 지폐를 봤다면 말이야. 어떤 일을 했기에 지폐 모델이 되었는지 궁금하지 않니? 내 이야기에 귀를 기울여 보렴~.

38

인물 소개

신사임당은 어려서부터 그림을 잘 그렸어요. 주로 포도와 벌레, 채소 등을 진짜처럼 생생하게 표현했어요. 신사임당이 그린 벌레를 진짜인 줄 알고 닭이 쪼아 먹었다는 이야기가 있을 정도예요. 또 신사임당은 가정을 소중히 여겼어요. 남편에게 현명한 조언을 해 주고 자식들을 훌륭하게 키웠지요. 학자로 유명한 이이의 어머니가 바로 신사임당이에요.

신사임당의 이모저모

- 시대: 조선
- 생년월일: 1504년에 태어났어요.
- 태어난 곳: 강릉에서 태어났어요.
- 별명: 5만 원권 지폐 모델
- 직업: 화가
- 특기: 그림 그리기, 자식 농사

 우리가 알아야 할 **신사임당** 이야기

치마에 그린 포도송이

신사임당의 업적 이야기

신사임당은 뭘 했을까?

신사임당은 일곱 살 때부터 그림을 그렸어요. 어려서부터 그림 그리는 재주가 뛰어났는데, 이름난 화가의 그림도 곧잘 따라 그렸어요. 그래서 주변의 관심을 받았지요. 당시 신사임당의 집안에는 '안견'이라는 화가의 산수화★가 걸려 있었어요. 안견은 세종 때 유명했던 화가였어요. 그런 화가의 그림을 따라 그릴 정도로 신사임당의 그림 실력은 뛰어났지요. 신사임당은 산수화 말고도 채소와 과일, 풀벌레들도 자주 그렸어요.

> 일곱 살에 붓을 든 화가

★ **산수화** 산과 강 등 자연의 아름다움을 그린 그림

> 가정을 지혜롭게 꾸림

신사임당에서 '사임당'은 호예요. 중국 주나라 문왕의 어머니 '태임'을 본받고자 지은 이름이지요. 사(師)는 본받는다는 뜻이고, 임(任)은 태임을 뜻해요. 태임은 성품이 훌륭하고 자식들을 잘 돌봤다고 전해지는 인물이에요. 신사임당 역시 가정을 소중히 여겼어요. 신사임당은 남편 이원수에게 슬기로운 아내였어요. 남편에게 한 친척과 가까이 지내지 말라고 충고했지요. 그 친척은 조선 중기에 정승을 지낸 '이기'였는데, 나중에 많은 관리들을 죽였어요. 이원수는 아내의 말을 들은 덕분에 위험에서 벗어났어요. 또한 신사임당은 자식들에게 훌륭한 어머니였어요. 일곱 명의 자녀들을 지혜롭게 가르쳤지요. 훗날 신사임당의 자식들은 각자의 분야에서 활약했어요. 첫째 딸 이매창은 화가로 이름을 남겼고, 셋째 아들 율곡 이이는 역사에 길이 남을 학자가 되었지요.

강릉에서 성장한 효녀

신사임당은 1504년 강원도 강릉의 북평촌에서 태어났어요. 그의 아버지는 서울 출신, 어머니는 강릉 출신이었어요. 신사임당은 어린 시절에 외가 쪽과 가까이 지냈어요. 조선 후기와 달리, 신사임당이 살던 16세기 때까지만 해도 결혼을 하면 여자 쪽의 집이나 그 근처에서 사는 일이 많았어요. 신사임당은 열아홉 살에 결혼을 한 뒤에도 부모님을 잊지 않았어요. 결혼 뒤, 아버지가 돌아가시자 고향에서 3년 동안 상을 치르고 서울로 돌아갔지요. 또 홀로 계신 어머니와 함께 지내기 위해 강릉에서 머물기도 했어요. 그때 셋째 아들인 이이를 낳았지요.

신사임당이 남긴 시

신사임당이 남긴 시로는 〈유대관령망친정〉이 대표적이에요. '유대관령망친정'은 '대관령에서 친정집을 바라본다'라는 뜻이에요. 혼자 계신 어머니를 두고 강릉을 떠나는 슬픔을 담은 시지요. 한번 읊어 볼까요?

늙으신 어머니를 고향에 두고
서울 향해 떠나니 외로운 마음뿐
돌아보니 북평촌은 아득도 한데
흰 구름만 저문 산을 날아내리네.

 **신사임당**과 함께 보기

신사임당의 그림

채소와 과일, 풀벌레 등을 마치 살아 있는 것처럼 생생하게 그렸던 신사임당의 그림을 함께 감상해 보아요.

〈가지와 방아깨비〉

〈수박과 들쥐〉

〈가지와 방아깨비〉 보랏빛 가지가 탐스럽게 열려 있는 모습이 참 먹음직스러워요. 방아깨비는 그런 가지 아래에 점잖게 서 있네요. 이 그림에는 방아깨비 말고도 여러 곤충이 등장해요. 우선 예쁜 날개를 뽐내는 나비가 있어요. 주위에 그려진 벌과 개미도 아주 생생하답니다.

〈수박과 들쥐〉 우선 이 그림의 두 주인공, 수박과 들쥐를 찾아보세요. 아뿔싸! 들쥐 두 마리가 수박을 맛있게도 냠냠 파먹고 있네요. 잘 익은 수박을 보니 들쥐들도 먹지 않고는 못 배기겠나 봐요. 수박과 들쥐는 물론, 꽃과 나비, 수박 덩굴까지 섬세하게 묘사한 신사임당의 그림 실력이 돋보입니다.

강릉의 또 다른 위인

이이(1536~1584) 문신·신사임당의 아들

나는 조선 시대의 학자이자 정치가야. 퇴계 이황 선생과 함께 조선을 대표하는 성리학자로도 알려져 있지.

나는 강릉에서 태어나 여섯 살 전까지 강릉 오죽헌에서 어머니, 외할머니와 함께 지냈지. 어머니는 내가 아주 어릴 때부터 학문을 가르쳐 주셨어. 그래서일까? 어른들 말에 따르면 나는 세 살 때 글을 깨우쳤대. 또 열세 살에 과거 시험에 합격했지. 그걸 시작으로 총 9번 장원 급제를 해서 주변 사람들을 놀라게 했어.

나는 학문 연구에 관심이 많았어. 1558년에 퇴계 이황 선생님을 찾아갔지. 선생님은 학자로 이름이 아주 높았거든. 선생님은 아들뻘인 나를 친절히 대해 주셨어. 그 뒤에도 나는 오랫동안 이황 선생님과 편지를 주고받으며 성리학에 대한 생각들을 나눴어. 우리 모두 성리학을 중요하게 여겼지만, 그 안에서 각자 생각이 조금 달랐거든.

나는 20여 년간 벼슬을 하면서 사회 문제를 해결하기 위한 방법을 고민했어. 낡은 제도를 고쳐야 한다고도 주장했지. 1575년엔 왕이 알아야 할 학문과 갖춰야 할 인품을 정리한 책을 완성해 임금께 바쳤는데, 그 책이 바로 《성학집요》야.

나는 나중에 일부 관리들의 모함을 받아 관직에서 물러났어. 그 뒤론 제자들에게 학문을 가르치며 살았지. 내 제자들도 나중에 훌륭한 학자가 되었단다.

역사 **체험 학습**

신사임당의 발자취

강릉 오죽헌

📍 강원도 강릉시 죽헌동

♦ 보물 제165호

신사임당이 태어난 집이에요. '오죽헌'은 '검은 대나무 집'이라는 뜻이에요. 이 근처에 검은 대나무가 자라고 있기 때문에 붙여진 이름이지요. 신사임당은 이곳에서 자라면서 그림을 그렸고, 여기서 이이를 낳았어요. 이 근처에는 율곡 기념관과 이이의 영정을 모신 문성사, 향토 민속관 등이 있어요.

신사임당 사친 시비

📍 강원도 강릉시 성산면

신사임당이 쓴 시가 새겨진 비석이에요. 〈유대관령망친정〉 시를 만나 볼 수 있지요.

46

강릉의 볼거리

대관령 박물관

📍 강원도 강릉시 성산면
☎ 033)660-3830

대관령 옛길에 자리 잡은 박물관이에요. 선사 시대부터 조선 시대 유적이 약 2천 점 전시되어 있지요.

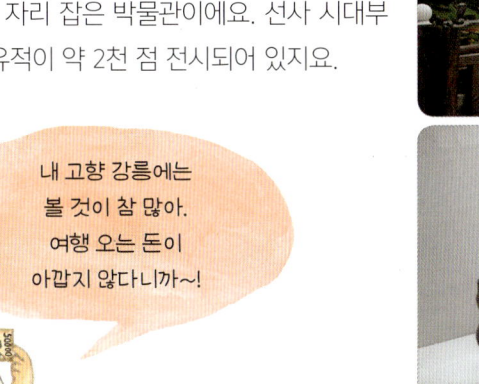

내 고향 강릉에는 볼 것이 참 많아. 여행 오는 돈이 아깝지 않다니까~!

강릉 대도호부 관아

📍 강원도 강릉시 용강동
♦ 사적 제388호

고려 시대와 조선 시대에 관리들이 강릉으로 내려왔을 때 머물던 곳이에요. 일제 강점기에 거의 훼손되어서 현재 복원을 하는 중이에요.

강·원·도·위·인 | 05

최초의 한글 소설 《홍길동전》을 쓴 학자

허균

조선 | 1569 ~ 1618 | 문신, 소설가

강릉은 이런 곳이에요

강릉은 영동 지방을 대표하는 도시예요. 농업, 축산업, 수산업이 고루 발달했지요. 동해와 맞닿아 있어서 여름엔 시원하고 겨울엔 따스한 편이에요. 관동팔경인 경포대 해수욕장과 오죽헌이 유명해요.

때론 세상을 삐딱하게 바라볼 줄도 알아야 해. 그러면 세상의 불공평한 모습들이 보이거든. 내가 《홍길동전》을 쓸 수 있었던 것도 사회를 비판적으로 봤기 때문이야.

인물 소개

양반집에서 태어났어요. 경제적으로 넉넉한 집안에서 자랐지요. 허균은 서자* 출신의 스승에게 가르침을 받으며 사회를 비판적으로 보는 안목을 키웠어요. 벼슬길에 나아간 허균은 여러 일을 맡았지만 세력 싸움에 여러 차례 휘말리면서 관직에서 밀려났어요. 허균은 지배층의 잘못된 점들을 《홍길동전》이라는 이야기로 써서 알렸어요.

허균의 이모저모

생년월일 1569년에 태어났어요.

시대 조선

직업 문신, 소설가

태어난 곳 강릉에서 태어났어요.

별명 반항의 아이콘

특기 사회의 틀 깨기, 기록하기

★ **서자** 양반과 양민 여성 사이에서 낳은 아들

우리가 알아야 할 **허균** 이야기

양반집 아들과 서자 스승

허균의 업적 이야기

허균은 뭘 했을까?

허균의 아버지 허엽은 서경덕의 제자로, 나라에서 벼슬을 지냈어요. 그런데 허균이 열두 살이었을 때 그만 아버지가 돌아가셨어요. 그래서 형들이 허균을 자식처럼 돌보았어요. 맏형 허성은 허균보다 스물한 살, 둘째 허봉은 열여덟 살이나 많았어요. 형제이지만 나이로만 보면 거의 아버지뻘이었지요. 허성과 허봉은 막냇동생을 무척 아꼈어요. 허균은 나중에 주위 사람에게 '형님들이 나를 예뻐하고 사랑해 주며 나무라지도 않았다.'라고 말할 정도로 형들을 좋게 기억했어요.

사랑을 듬뿍 받고 자란 막냇동생

평등한 세상을 주장

허균은 자신이 쓴 글과 시를 모아 《성소부부고》를 펴냈어요. 이 책에는 허균의 생각이 잘 드러나 있어요. 〈유재론〉이라는 글엔 '하늘이 사람을 낼 땐 귀한 집 자식이라고 풍부하게 주지 않고, 천한 집 자식이라고 인색하게 굴지 않았다.'라고 쓰여 있어요. 그러면서 '하늘이 내린 인재를 쓰지 않는 것은 인재를 버리는 것과 같다.'라며 신분 제도를 비판했어요. 또한 허균은 가장 중요한 것은 백성임을 강조했어요. 〈호민론〉이라는 글에서 '천하에 두려워할 자는 백성이다.'라고 주장했지요. 나쁜 관리가 백성을 괴롭히는 현실을 고발했고, 모진 시련을 견뎌 낸 백성이야말로 두려워해야 할 존재라고 설명했지요. 허균의 주장은 당시로선 매우 파격적이라, 반대 세력의 미움을 받았지요. 그러나 허균은 자신의 생각을 굽히지 않았어요.

저런 고약한 놈을 봤나!

부들 부들

녹록지 않은 관직 생활

1594년, 허균은 과거 시험에서 합격했어요. 그런데 관직 생활이 만만치 않았어요. 허균은 틀에 얽매이는 성격이 아니었어요. 양반인데도 신분 차별 없이 기생과 오랫동안 연락을 주고받는가 하면, 서자 출신들과 곧잘 어울렸지요. 그래서 다른 신하들의 눈 밖에 났어요. 이런 일도 있었어요. 1610년에 허균이 과거 시험의 감독관이 되었는데, 조카와 조카사위를 불법으로 합격시켰다는 모함을 받고 귀양을 갔어요. 나중에 조카와 조카사위가 오로지 실력으로 급제했음이 드러났어요.

신하들은 툭하면 상소문을 올려 허균을 쫓아내려고 했어요. 결국 1618년, 허균은 평소 그를 반대하던 세력으로 인해 죽음을 맞이했어요.

한글 소설 《홍길동전》을 쓴 작가

동에 번쩍, 서에 번쩍 홍길동!

허균이 살던 때엔, 아무리 실력이 우수해도 힘센 사람에게 줄을 서야 출세했고, 서자들은 관직도 받을 수 없었어요. 허균은 이런 불평등을 이야기로 풀어냈어요. 그렇게 탄생한 소설이 《홍길동전》이에요. 《홍길동전》에는 신분 제도와 행실이 바르지 못한 관리를 비판하는 내용들이 담겨 있지요.

홍길동은 양반 아버지와 노비 어머니 사이에서 태어났는데, 재주가 무척 뛰어났어요. 집안 식구들은 그런 홍길동을 달갑지 않게 여겼어요. 결국 홍길동은 집을 떠나 '활빈당'이라는 도적 무리의 우두머리가 돼요. 못된 관리에게서 재산을 빼앗아 가난한 사람을 도왔지요. 나라에서는 홍길동을 잡아들이려고 했지만 번번이 실패했어요. 훗날 홍길동은 차별받는 조선 땅을 떠나 활빈당과 함께 율도국이라는 섬에 가서 왕이 되어 나라를 다스렸어요.

 **허균**과 함께 보기

강릉의 또 다른 위인

허난설헌(1563~1589) 시인·허균의 누나

동생 허균이 소설로 유명하다면, 나는 시로 유명하단다. 아버지는 여자인 나에게도 '초희'라는 이름을 지어 주셨어. 그때는 여자에게 이름 붙이는 일이 흔치 않았거든. 또 친오빠 '허봉' 덕분에 어렸을 때 고향 강릉에서 동생과 함께 교육을 받았어. 그래서 자연스럽게 나만의 생각을 키울 수 있었지.

어린 시절 나는 시를 지으며 놀았어. 여덟 살에 짧은 한시를 지었는데, 그 시가 꽤 알려져서 마을에서 신동 소리를 들었단다. 내 시를 보기 위해 주위에서 몰려들 정도였지. 아마 내가 남자였다면 일찍이 과거 시험도 준비했을 거야.

열다섯 살에 양반집 아들과 결혼을 했지. 고향을 떠나 시집살이를 해 보니, 조선 시대에 여자로 사는 삶이 얼마나 고달픈지 마음속 깊이 깨달았어. 남편과는 대화가 통하지 않았고, 시어머니는 나를 못마땅하게 여겼지. 거기다 나의 아이들은 어린 나이에 병으로 목숨을 잃었어. 나는 슬픈 마음을 시를 쓰며 달랬어.

나중에 내 시를 동생 허균이 모아서 《난설헌집》이라는 책으로 냈어. 그 책을 읽은 중국 사신들이 무척 놀랐다고 해. 조선에 이런 여성 시인이 있냐며 대단하다고 여겼다지. 《난설헌집》은 일본에서 인정받기도 했단다.

돌아보니 시는 나의 모든 것이었어. 녹록지 않았던 삶을 시를 쓰며 견뎌 낼 수 있었으니까.

허난설헌 묘
(경기도 기념물 제90호)

역사 **체험 학습**

허균의 발자취

허균·허난설헌 기념 공원

 강원도 강릉시 초당동

허균·허난설헌의 생가와 기념관, 전통차 체험관으로 이루어졌어요. 허균과 허난설헌의 생애를 엿볼 수 있고, 허씨 집안 문인들이 쓴 시들도 감상할 수 있어요. 뒤쪽으로 커다란 나무들이 우거진 산책로도 마련되어 있답니다.

강릉에서는 매년 허균의 업적을 기념하는 '교산 허균 문화제'도 열려요. 허균의 묘에 제사를 올리고 허균에 대한 토론회를 하지요. 글짓기 대회부터 홍길동전을 주제로 한 연극, 그림 전시회 등 어린이들이 즐길 수 있는 행사도 다채롭게 열려요.

허균 생가

공원 모습

여기도 가 보자!

강원도 강릉시 운정동에는 '선교장'이라는 곳이 있어요. 국가 민속문화재 제5호인 선교장은 조선 시대 양반이 살던 살림집이에요. 세종의 형인 효령 대군의 11대손이 처음 이곳에 집을 짓기 시작해 지금의 모습을 갖추었어요. 보존이 잘되어 있어 조선 시대 양반집이 어떤 모습이었는지 살펴볼 수 있어요.

강·원·도·위·인 | 06

역사에 이름을 남긴 여성 성리학자

임윤지당
조선 | 1721 ~ 1793 | 학자

> 원주는 이런 곳이에요

원주는 강원도의 남서쪽에 있어요. 조선 시대에 발달한 지역 중 하나로, 강원 감영이 있었지요. 강원도의 '원' 자는 원주에서 따온 이름이에요. 또한 원주시는 강원도에서 가장 인구가 많은 도시예요.

> 이런 말을 하면 믿기지 않겠지만, 나는 공부가 정말 재미있었어! 혼인한 뒤에도 계속 공부했지. 여러 책을 읽고 또 읽었단다. 그러면서 내 삶의 의미를 발견할 수 있었어.

인물 소개

성은 임, 호는 윤지당이에요. 어려서부터 배우는 것을 좋아했어요. 거기다 매우 영리했지요. 임윤지당은 시집을 온 뒤로 줄곧 원주에서 살았어요. 집안일을 하면서도 성리학을 계속 연구하여 성리학자로 이름을 남겼어요. 여성에게 공부를 가르치지 않았던 조선 시대에 보기 드문 일이지요. 성리학은 조선 시대에 발달한 학문으로, 유학의 한 갈래예요.

임윤지당의 이모저모

시대
조선

생년월일
1721년에 태어났어요.

태어난 곳
알려져 있지 않아요.

특기
공부하기
(취미도 공부예요.)

직업
성리학자

 우리가 알아야 할 **임윤지당** 이야기

슬픔을 달래 준 공부

 어린이 역사 기자 선생님은 이름이 세 글자인가요?

 임윤지당 아니, 윤지당은 내 호야. 둘째 오라버니께서 지어 주었지. 중국 유학자였던 주자가 '태사와 태임을 존경한다.'라고 쓴 글 '윤신지'에서 따왔어. '신'은 중국 문왕의 아내인 태사의 고향을, '지'는 문왕의 어머니 태임의 고향을 뜻해. 태사와 태임 모두 덕이 높고 훌륭한 분들이시지. 신사임당 역시 '태임'에서 따온 이름이야. 오라버니는 내가 그런 사람들을 본받길 바라며 호를 지어 주셨어.

 어린이 역사 기자 정말로 공부가 재미있었나요?

 임윤지당 새로운 것을 알아 가는 일이 참 좋았어! 결혼을 해서도 아내라는 처지에 얽매이지 않고 공부했단다. 성인들의 가르침을 마음 깊이 담아 두며 연구했어. 시간이 날 때마다 책을 집어 들었지. 내 생각을 글로 써 두기도 했고.

 어린이 역사 기자 인생에서 괴로운 시간을 어떻게 이겨 냈나요?

 임윤지당 나는 사랑하는 사람들을 여러 번 잃었단다. 아버지는

내가 어렸을 적에 돌아가셨고, 남편과 젖먹이 때부터 키웠던 양아들, 거기다 나와 피를 나눈 형제들도 나보다 먼저 세상을 떠났어. 나처럼 복 없는 삶도 없을 거야. 하지만 마냥 슬퍼한다고 해서 변하는 건 없잖니? 나는 공부로 시름을 달랬어. 수많은 학자들이 남긴 책들을 읽을 때마다 새로운 세계가 보이는 듯했어. 이렇듯 마음을 갈고닦는 데 온 힘을 다했단다.

어린이 역사 기자 공부 때문에 조카들을 혼내셨다지요?

임윤지당 어느 여름날, 조카들이 내게 인사를 하러 왔어. 공부가 잘되느냐고 물었는데 날이 더워서 너무 힘들다는 거야. 책을 읽다 더우면 부채질을 하느냐고 다시 물었는데, 그렇다고 대답하더군. 그래서 '정신을 집중해 책을 읽으면 가슴에서 자연히 서늘한 기운이 생기는데, 부채질할 이유가 있겠느냐? 너희는 아직 헛된 독서를 하고 있구나.'라고 말해 주었어. 조카들이 의젓하게 자라길 바라서 좀 엄격하게 대했지. 마음가짐부터 바르고 단정해야 공부도 제대로 될 테니까.

어린이 역사 기자 학자가 꿈인 아이들에게 한 말씀 부탁드려요!

임윤지당 남자와 여자가 다르지만, 하늘이 내려 순 성품은 같단다. 성별이나 인종 같은 것에 얽매이지 말고, 여러분이 진정으로 원하는 것을 온 마음 다해 공부하길 바랄게.

임윤지당의 업적 이야기

임윤지당은 뭘 했을까?

임윤지당은 양반집에서 태어났어요. 5남 2녀 중 둘째 딸이었지요. 윤지당은 여덟 살이 되던 해, 전염병으로 아버지를 여의었어요. 그래서 둘째 오빠인 임성주가 동생들의 공부를 책임졌어요. 그는 나중에 조선 시대의 대학자가 된 인물이에요. 임성주는 여자인 윤지당에게도 학문을 가르쳤어요. 《소학》, 《사서》, 《효경》 등의 책을 읽혔지요. 윤지당은 현명한 오빠에게 가르침을 받으며 성장했어요. 임성주는 여동생의 빼어난 실력에 감탄하며 윤지당이 여자로 태어난 것을 매우 아쉬워했어요.

일찍이 학문에 눈뜸

원주에서의 고달픈 생활

1739년, 임윤지당은 열아홉 살에 원주로 시집을 왔어요. 그런데 남편은 임윤지당과 8년밖에 못 살고 세상을 떠났어요. 임윤지당은 서른도 되지 않은 나이에 과부가 되었지요. 그 후 임윤지당은 남편의 동생인 신광우의 집에서 지냈어요. 임윤지당은 신광우의 아들을 양자로 맞아들였어요. 그런데 양자마저도 임윤지당보다 먼저 눈을 감았어요. 이에 더해 친형제들도 먼저 죽고 말았지요. 하지만 임윤지당은 늘 흔들리지 않는 태도를 지니려고 노력했어요. 감정에 쉬이 휘둘리지 않으려고 했고, 슬픔에 빠진 모습을 밖으로 드러내지 않았어요.

학문에 심취

조선 시대에서 여성의 역할은 가정을 뒷바라지하는 것이었어요. 일부 양반가 여성들도 학문을 배우긴 했어요. 하지만 학자가 될 정도로 깊이 있게 공부하지는 않았어요. 그와 달리 임윤지당은 학문에 깊이 파고들었고, 자신이 깨우친 바를 글로 정리했어요. 임윤지당은 공부하는 데 있어 남녀의 차이는 없다고 믿었고, 배운 것을 한평생 실천하며 살았어요. 언제나 예의를 갖추어 행동하고 말 한마디를 해도 신중했어요.

죽어서 남긴 《윤지당유고》

1793년, 임윤지당은 일흔세 살의 나이에 원주에서 세상을 떠났어요. 이후 시동생인 신광우와 친동생 임정주가 윤지당이 쓴 글들을 모아 정리했어요. 그리고 3년 뒤 《윤지당유고》라는 책을 펴냈지요. 《윤지당유고》는 총 2권이에요. 역사 인물에 대한 글 11편, 제문★ 3편과 훈계하는 글 4편 등 총 35편의 글이 담겨 있어요. 여기에 신광우와 임정주가 남긴 글도 실려 있지요. 《윤지당유고》는 훗날 성리학을 연구하는 데 귀한 자료가 되었어요. 많은 선비들은 《윤지당유고》를 읽고 감탄했어요. '조선에서 성리학을 아는 여성은 윤지당이 으뜸'이라고 평가할 정도였지요.

★ **제문** 죽은 사람에게 제사 지낼 때 쓰는 글

역사 **체험 학습**

임윤지당의 발자취

임윤지당 선양관

📍 강원도 원주시 단구동

임윤지당의 업적을 기념하기 위해 세워졌어요. 임윤지당의 삶과 글 등을 살펴볼 수 있어요. 또한 선양관에서는 여러 교육 행사가 열리지요.

그중 하나가 '임윤지당 얼 선양 헌다례'예요. 조선의 성리학자 임윤지당을 널리 알리기 위해 열리지요. 헌다례란 '귀한 사람에게 차를 올리는 예식'이에요. 행사 기간에는 문예 작품 공모전에서 뽑힌 수상작들도 전시되어요.

원주의 볼거리

원주 강원 감영

📍 강원도 원주시 일산동

◆ 사적 제439호

강원도를 다스리던 관리들이 일하던 곳이에요. 조선 태조 때 지어져 500년간 운영되었어요. 당시 세워진 건물들과 관련 유적들이 잘 보존되어 있어요.

원주 법천사지 지광 국사 탑비

📍 강원도 원주시 부론면

◆ 국보 제59호

고려 시대 승려였던 지광 국사의 업적이 적힌 비석이에요. 원주 법천사 터에서 볼 수 있지요. 지광 국사는 원주 출신의 승려인데, 법천사에서 인생의 마지막 무렵을 보내다가 눈을 감았어요.

상원사

📍 강원도 원주시 신림면

신라 시대에 지어진 것으로 추정되는 절이에요. 상원사에는 '은혜 갚은 꿩 전설'이 남아 있어요. 한 스님의 도움으로 목숨을 구한 꿩이 훗날 자신의 목숨을 바쳐 위험에 빠진 스님을 구했다는 이야기지요.

상원사 대웅전(강원도 문화재자료 제18호)

강·원·도·위·인 | 07

우리나라 최초의 **여성 의병장**

윤희순

근현대 | 1860 ~ 1935 | 의병장, 독립운동가

춘천은 이런 곳이에요

춘천은 강원도 중서부에 있어요. 강원도 도청이 있고, 인구도 강원도에서 두 번째로 많아요. 큰 호수가 많아서 경치가 좋고, 닭갈비가 으뜸이에요. 레저 스포츠와 레일 바이크 등 놀거리가 풍부해요.

나라를 지키는 데 성별이 뭐가 중요하겠어? 독립투사의 집안으로 시집을 와서 죽을 때까지 항일* 운동을 하느라 힘겨웠지만, 내 삶을 결코 후회하지 않아!

★ **항일** 조선 말~일제 강점기 동안 일본의 침략에 맞서 싸운 것을 말함

인물 소개

윤희순은 1895년경 나라를 구하는 일에 눈떴어요. 윤희순의 남편과 조카, 시아버지가 의병이 되었지요. 윤희순은 그들을 뒷바라지하다가 점점 적극적으로 항일 운동에 나섰어요. 직접 의병 노래를 지어 퍼뜨리고 여성들을 모아 의병대를 만들었지요. 나라를 빼앗긴 1910년 이후에는 온 가족이 함께 중국으로 넘어가 독립운동을 이어 나갔어요.

윤희순의 이모저모

생년월일 1860년 8월 11일에 태어났어요.

별명 의병 노래 제조기

특기 가사 쓰기

직업 독립운동가

태어난 곳 경기도 구리에서 태어나 결혼 후에 춘천에서 살았어요.

시대 조선 ⋯ 대한 제국 ⋯ 일제 강점기

 우리가 알아야 할 **윤희순** 이야기

위기에서 더욱 돋보인 용기

　1911년의 어느 새벽, 눈앞이 보이지 않는 깜깜한 시각에 윤희순은 몰래 밖으로 나왔어요. 누가 들을세라 숨죽이며 문을 닫았어요. 마당에는 시아버지 유홍석이 커다란 짐을 짊어지고 서 있었어요.
　"아버님, 준비는 다 하셨습니까?"
　"그래, 너랑 손자를 두고 먼저 떠나 미안하구나. 네가 고생이 많다."
　윤희순의 손을 꼭 잡는 유홍석의 손은 거칠지만 무척 따뜻했어요.
　"별말씀을요. 내 나라를 눈앞에서 잃어버렸는데 어떻게든 되찾아야죠."
　"네 말이 맞다. 중국으로 넘어가서 터를 잡고 있을 테니, 너도 부지런히 준비해서 따라오너라. 일본 병사들의 움직임이 심상치 않다더구나."
　"네, 아버님. 살펴 가십시오. 언제나 몸조심하시고요."
　유홍석은 인사를 하고 발길을 돌려 떠났어요. 윤희순은 시아버지의 뒷모습이 보이지 않을 때까지 지켜보다가 집 안으로 들어갔어요. 아침이 되었을 때, 아들 유돈상이 일어나 집안을 두리번거렸어요.
　"어머니, 할아버지는 벌써 떠나셨나요?"
　"그래, 우리도 곧 갈 거란다. 가족들과 함께 독립운동에 힘쓰자꾸나."
　그때 집 안으로 일본 병사들이 들이닥쳤어요.
　"이 집의 주인 유홍석은 나오라! 어디 있느냐?"

"당신들이 찾는 사람은 여기 없다. 죄 없는 사람의 집에 와서 웬 행패냐?"

"유홍석이 어디 있느냐고 물었다. 어서 말하라."

"나라를 되찾기 위해 싸우시는 아버님이 가신 곳을 안다고 해도 원수인 네놈들에게 말할 수 없다."

그러자 한 일본 병사가 몽둥이를 들며 싸늘하게 웃었어요.

"말을 하지 않는다면 네 아들을 매질해 죽이겠다."

윤희순은 눈 하나 깜짝 안 했어요.

윤희순의 기세에 일본 병사들은 몹시 당황해서는 어물거리다가 돌아갔어요.

'남편도, 시아버지도 모두 나라를 지키기 위해 떠났어. 나도 일본에 대항하고 독립을 이루는 일만 마음에 새기자.'

윤희순은 마음을 굳게 다잡았어요.

 윤희순의 업적 이야기

윤희순은 뭘 했을까?

의병으로 나선 윤희순

윤희순은 열여섯 살에 결혼을 하고 강원도 춘천에서 살았어요. 그의 시댁은 대대로 의병 운동에 참여했어요. 시아버지 유홍석과 유홍석의 친척인 유인석 등이 의병장으로 활동했지요. 일본 사람들이 명성 황후를 죽인 을미사변과 단발령*이 있은 뒤, 조선 곳곳에서는 일본에 대항하기 위해 의병 부대들이 일어났어요. 춘천에서는 유홍석과 유인석도 의병을 일으켰어요. 이때 윤희순은 의병들을 뒤에서 보살펴 주었어요. 곳간을 털어 곡식을 내주었고 의병들이 승리하길 바라며 손이 닳도록 기도했지요.

★ **단발령** 1895년, 우리나라 남성의 전통인 상투를 자르고 머리를 짧게 깎도록 한 명령이에요. 일본의 강제로 이루어졌어요.

윤희순이 만든 여성 의병대

1907년, 일본은 고종을 강제로 왕위에서 쫓아내고 조선 군인들을 해산시켰어요. 이 일 때문에 의병이 다시 일어났어요. 시아버지 유홍석은 춘천에서 600여 명의 사람들을 모아 의병 부대를 이끌었어요. 윤희순은 고흥 유씨 집안의 부인들과 마을 여자들에게서 돈을 모았어요. 또한 의병 활동에 쓰일 화약을 만드는 데 힘을 보탰어요. 그런가 하면 여성 의병 30명을 모아 '안사람 의병단'을 만들었어요. 이들은 의병 훈련에도 직접 참여했어요.

의병 노래를 지어 널리 알림

윤희순은 한발 더 나아가기로 결심했어요. 자신과 같은 여자들에게 의병으로 나서자고 설득했지요. 또한 의병 노래를 만들어 퍼뜨리기 시작했어요. 여성도 의병이 될 수 있다는 내용을 담은 〈안사람 의병가〉를 비롯해 8편의 의병가를 직접 지었지요. 노래를 통해 의병 활동을 북돋우고, 일본과 친일파들을 비판했어요. 윤희순의 의병 노래는 여러 사람의 마음속에 항일 운동의 불을 지폈어요. 남편 유제원은 아내의 활동을 적극 격려했어요.

나라를 지킵시다!

〈안사람 의병가〉

우리나라 의병들은 나라 찾기 힘쓰는데
우리들은 무얼 할까 의병들을 도와주세
내 집 없는 의병대들 뒷바라지하여 보세
우리들도 뭉쳐지면 나라 찾기 운동이요
왜놈들을 잡는 것이니 의복 버선 손질하여 만져 주세
의병들이 오시거든 따뜻하게 만져 주세
우리 조선 아낙네들도 나라 없이 어이 살며
힘을 모아 도와주세 만세 만세 만만세요 우리 의병 만세로다

 **윤희순**과 함께 보기

윤희순 주위의 사람들

유돈상(1894~1935) 윤희순의 아들

나는 어렸을 때 가족들과 함께 중국으로 이사했어. 어머니는 민족정신이 무엇인지 온몸으로 알려 주셨어. 난 대한 독립단에 들어가 활동했어. 나중엔 인재를 키우기 위해 학교를 세워 군사 훈련을 시켰지. 돈을 모아 독립운동 단체에 보내기도 했어.

유홍석(1841~1913) 윤희순의 시아버지

난 춘천과 가평 등에서 의병으로 활동했어. 만주로 건너간 뒤에도 나라를 위해 싸웠지. 자주 집을 비워서 걱정이 되었지만, 며느리 덕분에 안심하고 나갈 수 있었단다.

유인석(1842~1915) 학자·의병장·유홍석의 친척

난 동료 학자들과 함께 조선을 지키기 위해 노력했어. 일본의 강압으로 불평등 조약인 강화도 조약이 맺어졌을 땐, 학자들과 글을 써서 반대 운동을 펼쳤어. 단발령이 내려진 이후엔 의병장으로 나서 친일파들을 처단했지. 또 제자들을 많이 길러 냈어. 나라를 지키려면 인재들이 필요했거든.

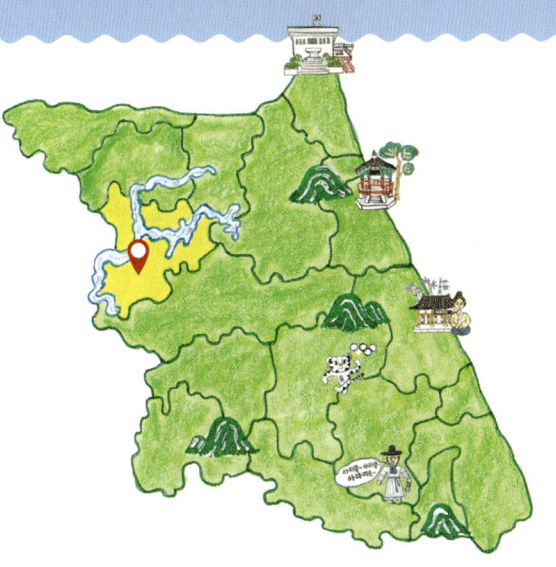

역사 체험 학습

윤희순의 발자취

윤희순 의사 동상

📍 강원도 춘천시 온의동

춘천 시립 도서관 뒤편에 있어요. 이곳에서 윤희순 의사 추모제가 열린답니다. 의사는 나라와 민족을 위해 몸 바쳐 싸운 사람을 말해요.

윤희순 시어록비

📍 충청남도 천안시 동남구 독립 기념관

천안에는 독립운동의 역사를 기리기 위한 독립 기념관이 있어요. 전시관 뒤쪽으로는 독립운동가들이 한 말을 새긴 어록비도 있지요. 이곳에 윤희순 시어록비도 있는데, 〈안사람 의병가〉가 새겨져 있어요.

춘천 의암 유인석 묘역

📍 강원도 춘천시 남면   ◆ 강원도 기념물 제74호

춘천을 대표하는 의병장 유인석의 묘예요. 묘 주변에 그를 기리는 사당과 의암 기념관 등이 있지요. 기념관에 가면 유인석의 생애를 찬찬히 들여다볼 수 있답니다.

71

강·원·도·위·인 | 08

나라꽃 무궁화를 널리 퍼뜨린 독립운동가
남궁억

근현대 | 1863~1939 | 언론인, 교육자, 독립운동가

홍천은 이런 곳이에요

홍천은 산으로 둘러싸여 있어요. 동쪽보다 서쪽이 더 낮아서, 같은 지역인데도 동쪽과 서쪽은 기온이 다르고 사람들의 말씨도 달라요. 다양한 지역 축제가 열리고, 역사적 가치를 지닌 문화재들이 많아요.

우리 민족성을 일깨우는 일이라면 난 뭐든지 했어. 역사책을 썼고, 무궁화를 심어 싼값에 널리 퍼뜨렸지. 또 노랫말도 지었어. 가랑비에 옷 젖는 줄 모른다잖아? 작은 일들을 꾸준히 하면 언젠가는 세상도 바뀌리라고 믿었지!

인물 소개

남궁억은 통역을 하는 일을 맡으며 조선의 관리가 되었어요. 1896년 서재필, 이상재 등과 함께 독립 협회를 만들었어요. 또한 〈황성신문〉의 첫 번째 사장이 되어 한국 언론에도 이바지했어요. 나중에는 강원도 홍천으로 내려와 학생들에게 민족의식*을 가르치고 무궁화를 널리 퍼뜨리는 데 힘썼어요. 남궁억은 죽을 때까지 독립운동을 위해 노력했어요.

남궁억의 이모저모

시대 조선 … 대한 제국 … 일제 강점기

생년월일 1863년 12월 27일에 태어났어요.

태어난곳 서울에서 태어나 홍천에서 살았어요.

별명 무궁화 홍보 대사

직업 언론인, 교육자, 독립운동가

한마디 나는 죽더라도 조선 사람으로 죽겠소.

★ **민족의식** 자기 민족을 지키고 발전시키려는 의지

 우리가 알아야 할 **남궁억** 이야기

남궁억의 무궁화 사랑

"선생님!"

남궁억이 무궁화 묘목*을 학교 뒤뜰에 심다가 고개를 들었어요. 아이들이 저편에서 땀을 흘리며 달려왔어요.

"저쪽에 무궁화 묘목 다 심었어요."

"고생했다. 너희들이 나라를 위해 아주 좋은 일을 하는 게다."

"그런데 왜 이렇게 무궁화를 많이 키워요? 지금도 학교 주변이 다 무궁화인데요."

★ **묘목** 옮겨 심는 어린나무

"나중에 무궁화가 좀 자라면 다른 지역으로 보낼 거다. 각 지역에서 활짝 핀 무궁화들이 알려 줄 게야. 이 땅이 조선 땅임을 말이다."

남궁억은 아이들을 바라보며 미소를 지었어요. 하지만 평화는 오래가지 않았어요. 찬바람이 불던 11월, 일본 경찰이 들이닥쳤어요.

"남궁억을 일본의 지배를 거부하고 무궁화를 퍼뜨린 죄로 체포한다!"

남궁억을 비롯한 선생님들이 경찰에게 붙잡혀 끌려가고 말았어요.

"학교에 무궁화를 많이 심었더군. 이유는 무엇인가?"

"무궁화는 우리 민족을 대표하는 꽃이다. 그 꽃을 많이 키워 퍼뜨리면 자연스럽게 민족적 감정이 다시 일어나지 않겠는가?"

"무궁화를 팔아서 번 돈은 어디에 썼지?"

"연필 따위를 사서 학생들에게 주고, 학교 운영 비용으로 썼다."

추운 겨울에 붙들려 온 남궁억은 반년이 넘도록 옥에 갇혀 지냈어요. 그동안 들려온 소식들은 모두 남궁억의 마음을 아프게 했어요.

"선생님, 학교 운영이 어려워졌어요. 학교가 일본에 넘어가고 말았습니다. 죄송합니다."

"선생님, 일본 경찰들이 학교에 심어 놓은 무궁화를 파헤쳤습니다."

남궁억은 어렵게 세운 학교와 정성껏 가꾼 무궁화를 고스란히 빼앗겼어요.

"흑흑, 공들여 쌓은 것들이 일본 놈들의 발길질에 힘없이 스러지는구나."

해가 바뀌고 난 다음에서야 남궁억은 풀려났어요. 남궁억은 시름시름 앓아 누웠어요. 살날이 얼마 남지 않았음을 예감한 남궁억은 이런 말을 했어요.

"내가 죽거든 무덤을 만들지 말거라. 나무 밑에 묻어 거름이 되게 해 다오. 나는 독립을 못 보지만 너희는 볼 것이다."

남궁억은 언젠가 독립이 오길 기대하며 조용히 눈을 감았어요.

남궁억의 업적 이야기

남궁억은 뭘 했을까?

영어 우등생의 관직 생활

1883년, 남궁억은 스물한 살에 나라에서 운영하는 외국어 교육 기관에서 영어를 배웠어요. 그곳에서 남궁억은 당시 신문에 기사로 날 만큼 공부를 잘했어요. 우등생이었던 남궁억은 관리로 뽑혔어요. 그는 고종 곁에서 외국인들을 맞이하고 통역하는 일을 했어요. 그 외에도 여러 가지 일을 맡았지요. 관직 생활을 하며 남궁억은 서울 종로에 도로를 정비하고 탑골 공원을 지었어요. 탑골 공원은 우리나라에서 최초로 생긴 도심 공원이에요.

〈황성신문〉의 첫 번째 사장

1898년, 〈황성신문〉이 만들어질 때, 남궁억은 사장으로 뽑혔어요. 4년간 〈황성신문〉을 이끌었지요. 그 과정은 결코 쉽지 않았어요. 〈황성신문〉에 난 기사 때문에 남궁억은 옥에 갇힌 적도 있었지요. 1900년 8월, 〈황성신문〉은 '러시아가 일본에게 조선을 두 토막 내어 점령하자고 제의했다.'라는 기사를 발표했어요. 심각한 주제였던 만큼, 국민들이 꼭 알아야 할 내용이었어요. 하지만 일본은 싫어했지요. 남궁억은 구속되었다가 나중에 무죄 판결을 받았어요.

민족을 사랑하는 교육자

남궁억은 젊은 시절부터 교육에 관심이 있었어요. 관직을 지냈을 때도 잠깐 학생들을 가르친 적이 있었지요. 남궁억은 1910년 배화 학당의 선생님이 되었어요. 학생들에게 영어와 웅변 등을 가르쳤어요. 그러면서 독립 의지도 키워 주었지요. 또한 남궁억은 학생들에게 무궁화를 수놓게 했어요. 그런가 하면 직접 노래 가사를 지었어요. 〈무궁화 동산〉, 〈조선의 노래〉, 〈기러기〉 등을 짓고 아이들에게 가르쳐 부르도록 했지요. 그렇게 아이들이 조선 민족임을 잊지 않게 하려고 노력했어요.

홍천에서 키운 무궁화

1918년 12월, 남궁억은 조상들이 살던 강원도 홍천의 모곡리로 내려왔어요. 그는 이곳에 모곡 학교와 모곡 예배당을 지었어요. 그리고 모곡 학교에서 학생들을 가르쳤어요. 남궁억은 국화인 무궁화가 일본의 지배를 받는 조선 사람들에게 민족성을 일깨우리라고 믿었어요. 그래서 그는 무궁화 묘목을 심기 시작했지요. 학교 곳곳에 아이들과 함께 무궁화 묘목을 심었어요. 남궁억은 그렇게 키운 무궁화를 여러 곳으로 보냈지요. 무려 30만 그루를 보냈다고 해요. 남궁억은 싼값에 꽃을 팔았어요. 무궁화를 키우는 목적이 돈을 벌기 위함이 아니라 민족의식을 키우기 위함이었으니까요.

무궁화의 이모저모

무궁화는 어떤 꽃일까요?

무궁화는 우리나라를 대표하는 꽃이에요. 꽃잎의 색은 하얗거나 분홍이나 보라, 다홍 등 다양해요. 보통 8월에서 9월 사이에 피며, 새벽에 피어났다가 저녁에 지는 게 특징이에요. 무궁화는 오랫동안 우리나라를 상징하는 꽃으로 여겨졌어요. 중국에서 가장 오래된 지리책인 《산해경》에는 우리나라가 '무궁화 꽃이 많이 피는 곳'이라고 적혀 있지요.

홍천 무궁화 축제

남궁억의 얼을 기리고 나라 사랑을 되새기고자 마련된 축제예요. 매년 10월 홍천군에서 열리지요. 거리 행진부터 민속 경기와 가요제, 불꽃놀이 등 볼거리가 다양하게 펼쳐져요.

역사 **체험 학습**

남궁억의 발자취

홍천 한서 남궁억 묘역

📍 강원도 홍천군 서면　　♦ 강원도 기념물 제77호

남궁억이 묻힌 자리예요. 묘 앞에는 제사 음식을 올려놓을 수 있게 돌로 만든 상이 있고, 오른편으로는 묘비가 있어요.

한서 남궁억 기념관

📍 강원도 홍천군 서면　　☎ 033)430-4488

남궁억의 업적을 기념하기 위해 세워졌어요. 남궁억의 생애와 책 등이 전시되어 있어요.

무궁화 공원

📍 강원도 홍천군 홍천읍

무궁화를 보급한 남궁억을 기리는 공원이에요. 공원 안에는 남궁억의 동상과 충혼탑, 군민 헌장 기념비 등이 있어요.

강·원·도·위·인 | 09

민족의 슬픔과 독립을 노래한 **시인**

한용운

근현대 | 1879 ~ 1944 | 승려, 시인, 독립운동가

인제는 이런 곳이에요

인제는 강원도 땅의 약 10퍼센트를 차지해요. 땅이 넓은 데 비해 사는 사람은 적은 편이에요. 산이 많아서 공기가 매우 맑아요. 자작나무 숲과 빙어 낚시가 유명해요.

한 번뿐인 인생을 부끄럼 없이 살고 싶었어. 가시밭길도 피하지 않고 묵묵히 가면 어디서든 당당할 수 있지. 나는 시를 통해서도 독립을 향한 마음을 표현했어. 나와 함께 옳은 길을 걸어 보자고!

인물 소개

한용운은 강원도 인제에 있는 백담사와 오세암에서 불교 공부를 하여 승려가 되었고, 조선의 불교를 개혁하려고 힘썼어요. 그러다 일본이 조선을 지배하자 독립운동가로 나섰지요. 3·1 운동 때 민족 대표로 활동했고, 만세 운동을 벌였어요. 또한 민족성을 일깨우는 시를 지어 사람들의 마음에 애국심을 불러일으켰어요.

한용운의 이모저모

시대: 조선 ⋯→ 대한 제국 ⋯→ 일제 강점기

생년월일: 1879년 8월 29일에 태어났어요.

태어난 곳: 충청남도 홍성군에서 태어났어요.

대표작: 〈님의 침묵〉

직업: 승려, 시인, 독립운동가

우리가 알아야 할 **한용운** 이야기

총알 박힌 사나이

일본에 나라를 빼앗긴 1910년, 한용운은 주먹으로 가슴을 쳤어요.

"기어코 조국을 빼앗기다니! 내 목숨이 다하는 날까지 독립운동을 하겠다."

한용운은 중국 만주로 넘어갔어요. 거기서 여러 독립운동가들을 만나며 얘기를 나누었지요. 그들을 격려하고, 강연을 하러 다녔답니다.

어느 날, 한용운은 만리재라는 고개를 넘어가고 있었어요.

'고향을 떠나와서 군사 훈련을 받는 독립군들에겐 어떤 말을 해 주는 게 좋을까.'

그때 갑자기 뒤에서 부스럭거리는 소리가 들렸어요.

한용운은 고개를 돌렸어요. 캄캄한 수풀에는 아무도 보이지 않았어요.

"다람쥐가 지나갔나?"

한용운은 다시 가던 길을 힘차게 걸어갔어요. 그의 머릿속엔 조국의 독립뿐이었어요.

'불교 경전을 외우면서 깨우친 진리를 독립투사들에게 심어 줘야지. 올바른 정신이 깃들면 독립운동을 하면서도 흔들림이 없을 거야.'

그런데 그 순간, 뒤에서 무슨 소리가 들렸어요.

"첩자다! 머리가 짧고 옷차림을 보아 일본 첩자가 틀림없다!"

"네놈을 가만두지 않겠다!"

탕! 탕! 탕! 총소리가 조용한 공기를 갈랐어요. 한용운은 그 자리에서 쓰러지고 말았어요. 뒤통수가 불에 덴 듯 뜨거웠지요.

"아, 아직 할 일이 많은데……."

한순간에 눈앞이 깜깜해졌어요. 그런데 조금 있자, 온몸이 가벼워졌어요. 뒤통수의 고통도 사라졌어요.

"어랏? 내 몸이 어떻게 된 거지?"

한용운은 그대로 공중에 떠서 구름 속으로 들어갔어요. 저 멀리서 따스한 빛이 다가왔어요.

"아, 아니!"

한용운은 자신의 눈을 믿을 수 없었어요. 관세음보살이 따뜻한 미소를 띠며 한용운을 바라보았어요. 관세음보살은 한용운에게 꽃을 건네며 말했지요.

"이렇게 누워 있어야 되겠느냐? 이제 그만 일어나라."

한용운은 엉겁결에 꽃을 받아 들었어요. 그 순간 잠에서 깨어났어요.

다시 뒤통수가 아파 왔어요. 한용운은 눈앞이 핑핑 돌았어요.

"어, 어떻게든 일어서야 해."

한용운은 간신히 몸을 일으켜 나아갔어요. 정신없이 걷다 보니, 앞에 불빛이 나타났어요. 초가집에서 새어 나오는 불이었어요. 한용운은 초가집에 이르자마자 쓰러졌어요. 그 소리를 듣고 집에서 사람들이 뛰쳐나왔지요.

"사람이 쓰러졌어!"

"세상에, 머리에 총을 맞았잖아?"

사람들은 그를 집 안으로 옮겼어요. 천을 잘라 그의 머리를 감싸 주었지요.

한용운은 그곳에서 잠시 숨을 돌리고, 곧 의사를 찾아갔지요. 의사가 진찰을 하더니 머뭇거리며 말했어요.

"여기는 마취제가 없어서, 마취 없이 수술을 해야 하는데 괜찮겠습니까?"

"일본에 나라를 빼앗긴 아픔보다 더하겠습니까? 상관없습니다. 그대로 수술해 주십시오."

결국 한용운은 마취 없이 뒤통수에서 총알을 빼내는 수술을 받았어요. 수술을 하는 동안, 그는 신음 소리 한 번 내지 않았어요. 수술을 마친 의사가 땀을 닦았어요.

"대단하십니다. 정말 잘 참으셨어요. 그런데 총알 하나는 너무 깊숙이 박혀 있어 빼지 못했습니다."

"괜찮습니다. 머리가 더 단단해지겠군요."

한용운은 자신의 머리를 매만졌어요. 한용운이 몸을 회복하는 동안 청년 둘이 찾아와 무릎을 꿇었어요.

"용서해 주십시오. 눈이 어두워 훌륭하신 분을 알아보지 못하고 선생님을 일본 첩자로 오해해 총을 겨누었습니다. 저희가 죽을죄를 지었습니다."

그러자 한용운이 손을 저었어요.

"괜찮네. 우리 독립투사들이 이렇게 용맹한 걸 보면, 조선 독립이 머지않을 거라 생각했네. 정신과 육체를 닦아 나라를 되찾는 데 힘써 주게."

한용운은 웃으면서 대답했어요. 머리에 총을 맞은 일로 한용운은 머리가 저절로 계속해서 흔들리는 증상이 생겼어요. 그런 채로도 한용운은 만주와 조선을 오가며 독립운동을 해 나갔지요.

한용운의 업적 이야기

한용운은 뭘 했을까?

한용운은 젊은 시절 농민들의 편에 서서 동학 농민 운동에 참여했어요. 운동이 실패로 돌아가자, 한용운은 불교에 뜻을 두기로 했어요. 설악산의 오세암으로 들어가 몸과 마음을 갈고닦았어요. 1905년, 한용운은 강원도 인제의 백담사에서 머리를 깎고 스님이 되었어요. '용운'이란 법명과 '만해'라는 법호도 받았지요. 법명과 법호는 정식으로 승려가 되면 받는 이름과 호예요. 원래 한용운의 이름은 '유천'이었는데, 이때부터 '만해 한용운'으로 불리었어요.

인제에서 스님이 됨

붓으로 일본의 지배에 대항

한용운은 글로써도 독립운동을 했어요. 한용운은 《조선불교유신론》이라는 책을 써서 한국 불교의 문제점을 찾고, 앞으로 나아갈 방향을 말했어요. 또 민족성을 일깨우고 일본의 지배에 저항하는 시를 썼어요. 1926년, 한용운은 그간 쓴 시들을 모아 첫 시집 《님의 침묵》을 펴냈어요. 〈님의 침묵〉은 시집에 실린 시 중 하나예요. 오늘날 한용운의 대표작으로 알려져 있지요. 잃어버린 조국에 대한 사랑이 절절하게 담겨 있어요.

3·1 운동의 민족 대표

1910년, 일본이 조선을 지배하게 되었어요. 한용운은 독립운동에 본격적으로 뛰어들었어요. 1919년 초에는 만세 운동을 준비하기 위해 발 빠르게 움직였어요. 불교 쪽 사람들에게 독립 선언서를 나누어 주고 독립 선언에 함께할 사람들을 모으러 다녔어요. 마침내 3월 1일, 한용운은 민족 대표들이 모인 자리에서 독립 선언서를 읽고 만세를 불렀어요. 일본 경찰에게 체포된 한용운은 3년간 감옥에 갇혔어요. 그는 감옥에서 〈조선 독립의 서〉라는 글을 써서 조선의 자유와 독립을 주장했어요.

절개를 지킨 민족 투사

한용운은 고문을 받을 때도 당당하게 행동했고, 몸이 약해지는 때에도 독립운동을 멈추지 않았어요. 또한 친일파들에게는 가차 없이 차갑게 대했지요. 이런 일도 있었어요.

어느 날, 한용운은 함께 독립운동을 하던 동료였던 최남선이 조선 총독부★에서 일한다는 소식을 들었어요. 그는 그 자리에서 '오늘은 최남선의 장례를 치르는 자리다.'라고 말했어요. 얼마 뒤, 한용운은 거리에서 최남선을 만났어요. 최남선은 반갑게 인사를 건넸는데, 한용운은 '내가 아는 최남선은 이미 죽었다.'라며 매몰차게 뿌리쳤어요.

★ **조선 총독부** 1910~1945년 일제가 우리나라를 지배하기 위해 설치했던 관청

 **한용운**과 함께 보기

인제의 또 다른 위인

박인환(1926~1956) 시인

안녕? 나는 1940년대에 주로 활동한 시인이란다. 〈목마와 숙녀〉, 〈세월이 가면〉과 같은 시를 썼어. 사람들은 나를 멋쟁이 신사라는 뜻의 '댄디 보이'로 불렀어. 내가 키도 큰 데다 생김새도 깔끔하다나? 어쩌면 옷차림을 신경 써서 그랬는지도 몰라. 나는 정장 차림을 좋아했거든. 더운 여름에도 양복을 입고 다녔지.

나는 강원도 인제군 인제면 상동리에서 태어났어. 조국이 광복을 맞자, 다니던 학교를 그만두었지. 그리고 스물한 살인 1946년 12월 〈국제신문〉에 〈거리〉를 발표하면서 시인으로 활동했어. 서울에서 2년 동안 '마리서사'라는 책방을 운영하기도 했어. 그때 여러 화가들과 소설가, 시인들이 마리서사로 놀러 왔지. 책방이 예술가들이 자주 모여 어울리는 장소가 된 거야. 다양한 사람들과 어울리면서 이야기를 나누었단다. 그때의 인연을 계기로 1948년엔 김수영, 김경린 등 함께 시를 쓰던 동료들과 《신시론》이라는 잡지를 냈어. 이후에도 여러 시 잡지들을 만드는 데 참여했지.

6·25 전쟁이 일어났을 때는 군대를 따라 전쟁터에 나가 보도하는 기자가 되었어. 전쟁에서 일어나는 상황들을 알렸지. 그러면서 〈신호탄〉, 〈고향에 가서〉 등의 시를 썼어. 끔찍한 전쟁터에서 무수하게 죽어 가는 사람들을 바라보며 슬픔과 허무함 같은 감정을 시에 담았단다.

역사 **체험 학습**

한용운의 발자취

백담사

📍 강원도 인제군 북면

신라 시대에 지어진 절이에요. 불에 타 훼손되었다가 고쳐 지어 지금의 모습에 이르렀어요. 한용운은 이곳에서 승려가 되고 법명을 받았지요.

만해 마을

📍 강원도 인제군 북면   ☎ 033)462-2303

민족 시인 한용운을 기리기 위해 세워진 체험 마을이에요. 만해 문학 박물관과 사찰 체험관 등이 있어요. 잠을 잘 수 있는 곳도 있어요. 오랜 시간 머물며 한용운의 업적을 자세히 살펴볼 수 있지요.

여기도 가 보자!

박인환 문학관은 인제에서 태어난 시인 박인환을 기리는 곳이에요. 인제군 인제읍에 있어요. 문학관에는 박인환 시인이 살던 1940년대 명동 거리를 재현해 놓기도 했지요. 시인이 운영했던 서점을 보고, 당시 시대의 분위기를 느껴 볼 수 있어요.

강·원·도·위·인 | 10

〈메밀꽃 필 무렵〉을 쓴 소설가

이효석

근현대 | 1907 ~ 1942 | 소설가

평창은 이런 곳이에요

평창은 강원도 남부에 있는 군이에요. 약 80퍼센트가 산과 들로 이루어져 있어요. 고랭지 농업*이 발달해, 전국에 하나뿐인 고랭지 농업 연구소가 있지요. 또한 2018년 동계 올림픽이 열린 장소예요.

인생은 예술과 함께할 때 더 풍족해진단다. 나는 예술을 즐겼고 문학 작품들을 남겼어. 내 소설 〈메밀꽃 필 무렵〉을 읽으면 아마 메밀꽃 향기를 맡고 싶어질걸?

★ **고랭지 농업** 고원이나 산지처럼 여름에도 서늘한 곳에서 하는 농업

인물 소개

이효석은 우리나라 근현대를 대표하는 소설가 중 하나예요. 평창을 배경으로 한 작품 〈메밀꽃 필 무렵〉이 가장 잘 알려져 있지요. 서른다섯의 젊은 나이로 삶을 마감했지만, 사는 동안 많은 글을 쓰며 활발하게 활동했고 남아 있는 작품들도 많아요. 이효석의 작품들은 오늘날 교과서에도 실려 있어요.

이효석의 이모저모

시대
대한 제국 …▶ 일제 강점기

생년월일
1907년 2월 23일에 태어났어요.

태어난 곳
평창에서 태어났어요.

별명
모던 보이

직업
소설가

취미
커피 마시기

 우리가 알아야 할 **이효석** 이야기

문학과 예술은 나의 전부!

 **어린이 역사 기자** 섬세한 마음으로 뛰어난 묘사를 하는 소설가, 이효석 작가님을 만나 보기로 해요! 우선 학창 시절 이야기를 들려주세요. 제일 친한 친구는 누구였나요?

이효석 고등학교 때 만난 친구 유진오야. 문학을 좋아했던 우리는 함께 글을 썼어. 서로에게 아주 훌륭한 벗이자 문학 동료랄까? 우리는 둘 다 소설가가 되었지.

 **어린이 역사 기자** 그런 유진오 작가가 훗날 일본의 식민지 정책에 찬성하는 글들을 남겼다니 참 안타까워요. 이효석 작가님도 일본을 위해 일한 적이 있다던데, 어떻게 된 일인가요?

 **이효석** 이십대에 나는 무척 가난했어. 어떻게든 돈을 벌어야 했지. 그래서 대학 때 알던 스승께 일자리를 알아봐 달라고 했어. 그랬더니 그분이 내게 조선 총독부에서 일하면 어떻겠냐고 하시더군. 돈을 벌기 위해 그러기로 했지. 하지만 하루하루 마음이 무거

웠어. 그런데 어느 날, 길을 가는데 어떤 청년이 나보고 '너도 개가 다 되었구나!' 하면서 욕을 퍼붓는 거야. 너무 놀라서 그만 그 자리에서 기절하고 말았단다. 그 뒤로 조선 총독부를 바로 때려치웠지.

어린이 역사 기자 좋아하는 음식은 무엇인가요?

이효석 커피지! 이 세상에 커피가 없었다면 정말 심심했을 거야. 커피뿐이겠어? 나는 서양에서 들어온 음식들을 즐겨 먹었단다. 버터를 미리 사다가 쟁여 두었고, 잼을 만들어 먹었지. 서양 문학을 자주 접하다 보니 그랬는지, 나는 서양의 문화를 좋아했어. 집안에 클래식을 자주 틀어 놓았고, 서양식으로 붉은 벽돌을 올린 집을 짓고 살았지.

어린이 역사 기자 소설가 말고 다른 직업이 있었나요?

이효석 학생들을 가르쳤어. 경성 농업 학교 선생이었고, 나중에는 영문학을 가르치는 대학교수가 되었단다. 문학을 잘 모르던 학생들에게 영어로 된 문학을 소개하였지.

어린이 역사 기자 이효석 작가님에게 문학이란?

이효석 문학과 예술은 내 인생의 전부야! 나는 문학에 평생을 바쳤어. 소설 말고도 시와 시나리오, 희곡, 산문 등 다양한 종류의 글을 썼지. 또 영화를 즐겨 보고 음악을 들으며 우울한 시대 속에서도 즐겁게 살고자 노력했단다. 난 다시 태어나도 나 자신으로 태어날 거야. 문학과 예술이 함께라면 말이야!

이효석의 업적 이야기

이효석은 뭘 했을까?

이효석은 공부를 매우 열심히 했어요. 평창 공립 보통학교(지금의 평창 초등학교)를 1등으로 졸업하고 고등학교를 다니는 동안에도 성적이 우수했지요. 고등학교를 다니면서 문학에 빠져든 그는 시와 산문을 써서 잡지나 신문사에 보냈어요. 이효석은 대학교에서 영문학을 전공했어요. 안톤 체호프나 톨스토이 같은 러시아 작가, 토머스 만, 캐서린 맨스필드 같은 작가의 작품을 즐겨 읽었지요.

문학에 빠진 우등생

열심히 썼으니 뽑히면 좋겠다!

이름난 문인

이효석은 열아홉 살에 처음으로 작품을 발표했어요. 1925년, 〈매일신보〉에 시 〈봄〉을 내서 입선*하였지요. 대학에 들어간 뒤엔, 학교 잡지에 여러 작품을 실었어요. 이효석은 유명 작가들의 문학 작품을 읽고 자신의 작품을 썼어요. 1928년엔 단편 소설 〈도시와 유령〉을 발표하면서 사람들에게서 주목을 받았어요. 또 문학 모임인 '구인회'에서 활동했지요. 그는 평생 약 70편의 단편 소설과 2편의 장편 소설을 썼어요.

★ **입선** 내어 놓은 작품이 심사에 합격하여 뽑힘

아름다운 시 같은 소설

이효석은 일제 강점기라는 불행한 시대를 살았지만, 작품만큼은 아름답게 그려 냈어요. 특히 순우리말과 사투리를 잘 사용했고, 소설 배경을 섬세하게 표현했어요. 김동리 소설가는 이효석을 두고 '소설을 배반한 소설가'라고 말하기도 했어요. 소설을 마치 시처럼 쓴다는 뜻에서 했던 말이었지요. 이런 이효석 소설의 특징이 잘 드러난 작품이 〈메밀꽃 필 무렵〉이에요.

메밀꽃

친일에 대한 깊은 후회

안타깝게도 이효석은 일본을 위해 일한 적이 있어요. 우선 조선 총독부에서 일했지요. 대학을 졸업하고 일본 스승의 추천을 받아 하게 된 일이었어요. 이 일은 얼마 안 가 따끔한 충고를 받고 그만두었어요. 그러나 제2차 세계 대전이 일어나면서, 생활이 무척 어려워졌어요. 병든 아내와 둘째 딸의 치료비를 구하기도 어려웠지요. 그래서 어쩔 수 없이 다시 친일을 했다고 해요.

아내와 딸이 죽은 후 이효석은 "어째서 나는 민족 반역자가 되었단 말인가!"라며 크게 후회했어요. 자신의 과거를 반성하는 글도 남겼지요. 자신의 행동을 '두고두고 부끄러워해야 할 일'로 여겼다고 해요.

 **이효석**과 함께 보기

평창 효석 문화제

매년 9월, 강원도 평창군 봉평면에선 이효석 문화제가 열려요. 합창단 공연부터 영화 상영, 문학 강의, 백일장 등의 행사가 며칠간 이어지지요. 이효석의 작품을 주제로 한 연극도 올려요. 소설 속 인물을 체험해 볼 수도 있고, 봉평의 먹거리들도 한데 모이지요. 이렇듯 평창 효석 문화제는 맛과 멋을 동시에 즐길 수 있는 큰 축제예요.

TIP 〈메밀꽃 필 무렵〉은 어떤 소설?

〈메밀꽃 필 무렵〉은 강원도 평창군 봉평면을 배경으로 일어난 이야기를 담고 있어요. 장돌뱅이*인 주인공 '허 생원'이 자신보다 젊은 장돌뱅이인 '동이'를 만나면서 벌어지는 이야기이지요. 허 생원은 동이와 이야기를 나누면서, 어쩌면 동이가 자신의 아들이 아닐까 생각하게 되어요. 두 사람이 이야기를 나누고 함께 길을 가는 모습들이 이야기 속에서 잔잔하게 드러나지요. 고즈넉한 봉평의 풍경이 아름답게 그려져 있답니다.

★ **장돌뱅이** 여러 장터를 돌아다니며 물건을 파는 장수

이효석의 발자취

이효석 문화 마을

📍 강원도 평창군 봉평면   ☎ 033)335-9669

소설가 이효석을 기리고자 만들어진 마을이에요. 소설 〈메밀꽃 필 무렵〉의 배경이 재현되어 있어요. 한쪽에는 메밀꽃밭이 넓게 펼쳐졌고요. 가산 공원과 문학 정원, 물레방앗간 등도 세워졌어요.

이효석 문학관

이효석의 삶과 작품들을 만나 볼 수 있는 전시관이에요. 이효석이 쓰던 물품과 직접 쓴 글들이 전시되어 있어요.

가산 공원

이효석의 업적을 기념하기 위해 만들어진 공원이에요. '가산'은 이효석의 호예요. 이곳에서 이효석 동상과 기념비를 만나 볼 수 있어요.

이효석 문학의 숲

소설 〈메밀꽃 필 무렵〉의 배경을 주제로 한 숲길이에요. 숲을 거닐다 보면 이야기 속으로 들어간 듯한 느낌이 들지요.

강·원·도·위·인 | 11

병과 싸우며 소설을 쓴 작가
김유정
근현대 | 1908 ~ 1937 | 소설가

춘천은 이런 곳이에요

춘천은 강원도 중서부에 있어요. 강원도 도청이 있고, 인구도 강원도에서 두 번째로 많아요. 큰 호수가 많아서 경치가 좋고, 닭갈비가 으뜸이에요. 레저 스포츠와 레일 바이크 등 놀거리가 풍부해요.

나는 춘천의 실레 마을에서 자랐어. 고향에서 보고 느낀 것을 바탕으로 소설을 썼단다. 몸이 건강했더라면 더 많은 소설을 쓸 수 있었을 텐데……. 참 아쉬워~

인물 소개

춘천 실레 마을 부잣집에서 태어났어요. 1935년 〈조선일보〉에 보낸 단편 소설 〈소낙비〉가 1등을 했어요. 〈봄봄〉, 〈동백꽃〉 등 훌륭한 소설을 남겼지요. 그는 당시 우리나라 농촌 생활을 익살스럽고 재미있게 그려 내었어요. 그후 김유정은 병 때문에 일찍이 세상을 떠났어요. 하지만 그의 작품은 지금까지도 우리 국민들에게 사랑받고 있답니다.

김유정의 이모저모

시대
대한 제국
··· 일제 강점기

생년월일
1908년
2월 12일에
태어났어요.

태어난 곳
춘천에서
태어났어요.

특기
소설 빨리 쓰기

직업
소설가

 우리가 알아야 할 **김유정** 이야기

고생 끝에 맺은 열매

★ **야학당** 밤에 글을 가르치는 곳

김유정의 업적 이야기

김유정은 뭘 했을까?

짧고 굵은 작가 활동

김유정은 스물아홉 살에 세상을 떠났어요. 소설가로 인정받고 제대로 작품 활동을 한 기간은 2년 정도이지요. 그런데도 길이 남을 소설가로 알려졌어요. 김유정이 처음으로 소설을 발표한 때는 1933년이에요. 잡지 《제일선》에 〈산골 나그네〉를, 《신여성》에 〈총각과 맹꽁이〉를 냈어요. 그 뒤, 김유정은 쉼 없이 소설을 썼어요. 〈만무방〉, 〈봄봄〉, 〈동백꽃〉 등 문학성이 돋보이는 작품들을 줄줄이 발표했지요. 그는 단편 소설뿐 아니라 수필과 번역 소설 등도 냈답니다.

가난한 농촌의 삶을 해학적으로 그림

김유정은 자신의 작품에 그 당시 농촌의 모습을 해학적으로 풀어냈어요. '해학적'이란 익살스럽고 재미있다는 뜻이에요. 당시 농촌 사람들은 일본에게 모든 것을 빼앗기고 어렵게 살았어요. 김유정은 힘들지만 순박함을 잃지 않았던 농촌 사람들을 작품에 녹여 냈고, 이들의 이야기를 재미있게 그렸어요. 특히 〈봄봄〉과 〈동백꽃〉이라는 소설에서 그런 점이 두드러져요.

역사 **체험 학습**

김유정의 발자취

김유정 문학촌

📍 강원도 춘천시 신동면　☎ 033)261-4650

김유정의 모든 것을 알 수 있는 체험 마을이에요. 작가 김유정의 생애와 작품 세계를 볼 수 있는 김유정 기념 전시관과 김유정 생가가 있지요. 또한 도자기 체험방이나 한복 체험방 등에서 우리나라 전통문화를 직접 체험해 볼 수 있답니다. 김유정 문학촌에서 가까운 김유정역은 경춘선의 강촌역과 남춘천역 사이에 있어요. 우리나라에서 최초로 사람의 이름을 딴 역이지요.

김유정 생가

김유정 생가 마당

김유정역

TIP 김유정 문학제

김유정의 업적을 기념하는 문학 축제예요. 매년 5월에 춘천 김유정 문학촌에서 열린답니다. 문학제에서는 민속놀이와 공연 등 다양한 행사를 진행해요. 김유정 문학상 시상식도 열리고요. 실레 마을 닭싸움 대회와 점순이 찾기 대회 등 재미있는 프로그램이 있답니다. 점순이는 김유정의 대표작 〈봄봄〉과 〈동백꽃〉에 나오는 인물이에요.

103

강·원·도·위·인 | 12

'국민 화가'로 불리는 진실한 화가

박수근

근현대 | 1914 ~ 1965 | 화가

양구는 이런 곳이에요

양구는 고려 시대 학자 김극기가 신선이 사는 곳 같다며 감탄한 곳이에요. 굽이굽이 흘러가는 강물과 높이 솟은 산들이 아름답지요. 박수근 미술관, 양구 인문학 박물관 등이 있는 예술가들의 고향이랍니다.

나는 진실하게 살려고 노력했단다. 그림에도 사람의 선함과 진실함을 담으려고 노력했지. 소박한 일상을 그림에 그리고 싶었어. 힘겨운 날들도 많았지만 참고 견디며 그림을 그렸단다.

인물 소개

박수근은 한국의 대표적인 근현대 화가예요. 가난해서 미술 학교에 갈 수 없었지만 혼자서도 열심히 그림을 그려 화가가 되었어요. 어려운 시기에도 붓을 놓지 않고 계속 그림을 그렸지요. 〈빨래터〉, 〈나무〉, 〈젖 먹이는 여인〉 등 훌륭한 그림을 많이 남겼어요. 평범한 사람들의 모습을 그림에 담아서, '국민 화가'라는 별명을 얻었답니다.

박수근의 이모저모

- **시대**: 일제 강점기 … 대한민국
- **생년월일**: 1914년 2월 21일에 태어났어요.
- **태어난 곳**: 양구에서 태어났어요.
- **별명**: 국민 화가
- **직업**: 화가
- **특기**: 어려운 사람들 마음 헤아리기

 우리가 알아야 할 **박수근** 이야기

어린 화가의 꿈

어린 수근이는 교장 선생님과 마주했어요. 수근이의 얼굴은 그늘져 있었어요. 교장 선생님이 말을 꺼냈어요.

"얘기 들었단다. 마음이 무척 아프겠구나."

수근이는 그 말을 들으니 눈물이 핑 돌았어요. 며칠 전 아버지가 한 말이 떠올랐지요.

"가족들 입에 풀칠할 돈도 부족하구나. 학교는 더 보내 주지 못하겠다."

수근이는 교장 선생님 앞에서 고개를 푹 숙였어요. 교장 선생님이 수근의 손을 잡았어요.

"그래도 선생님은 수근이가 그림 그리기를 포기하지 않았으면 좋겠다. 네겐 그럴 능력이 충분해."

"훌륭한 화가가 되려면 일본으로 유학을 가야 한다고 했어요. 저는 유학은커녕 학교도 못 가고 집에서 일을 도와야 해요."

"하늘은 네게 남다른 실력을 주었어. 혼자서도 충분히 해낼 거야."

수근이는 고개를 들었어요. 교장 선생님의 눈이 반짝였어요. 교장 선생님의 말을 듣자 수근이는 자신감이 생겼어요.

그다음부터, 수근이는 항상 종이와 연필을 가지고 다녔어요. 우물에 물을 길으러 갔을 때도 산과 들을 그렸고, 때로는 물감과 붓을 들고 골목을 빠져나와 그림을 그렸지요.

그렇게 5년이 흘렀어요. 어느 날, 수근이는 신문에서 조선 미술 전람회의 그림 공모 소식을 보았어요. 여기에 뽑히면 화가로 인정받을 수 있었어요.

"기회가 왔어! 저번에 그렸던 그림을 더 손질해서 내 볼까?"

수근이는 어느 때보다 공들여 수채화를 그려 나갔어요. 섬세한 붓놀림으로 봄이 오는 풍경을 담았지요.

수근이는 수채화에 〈봄이 오다〉라는 제목을 붙여 냈어요. 집에서 초조하게 발표를 기다렸지요. 발표 날, 수근이는 신문에 자신의 이름을 발견했어요.

조선 미술 전람회 당선자

박수근, 당선작 〈봄이 오다〉

"드디어 나도 화가가 되었어!"

수근이는 지난날이 떠올라 마음이 뭉클해졌어요.

박수근의 업적 이야기

박수근은 뭘 했을까?

박수근은 강원도 양구에서 어린 시절을 보냈어요. 이곳에서 양구 공립 보통학교(지금의 양구 초등학교)를 다녔지요. 박수근은 초등학생 때부터 그림에 뛰어났어요. 담임 선생님과 교장 선생님은 박수근을 칭찬하며 그림을 계속 그리라고 권했어요.

열두 살 무렵, 박수근은 〈만종〉이라는 그림을 보게 되었어요. 프랑스 화가 밀레의 작품인데, 농부들이 농사일을 하다 말고 경건한 마음으로 기도를 하는 그림이었지요. 박수근은 이 그림을 보고 큰 감동을 받았어요. 이후, 밀레와 같은 훌륭한 화가가 되게 해 달라고 종종 기도했지요.

박수근은 혼자 그림을 공부했어요. 주변의 풍경들과 사람들의 모습을 꾸준히 그려 나갔지요. 미술 학교에서 배우지 못했지만, 박수근은 꾸준히 자신만의 그림 기법을 갈고닦아 화가가 되어 세상 밖으로 나왔어요.

밀레를 보며 화가를 꿈꾼 소년

아! 나도 이렇게 그리고 싶다!

전쟁 중에도 포기하지 않은 꿈

화가 박수근은 일제 강점기와 6·25 전쟁을 모두 겪었어요. 힘겨운 시대를 살았지만, 자신의 꿈을 놓지 않고 계속 그림을 그려 나갔어요.

1950년, 6·25 전쟁이 일어났을 때에도 박수근은 미군 부대 기지에 있는 매점에서 초상화를 그려 주는 일을 했어요. 돈을 꾸준히 모아 창신동에 작은 집도 마련했지요. 어려움 속에서도 박수근은 화가의 길을 묵묵히 걸었어요.

국내외에서 사랑받은 화가

박수근의 그림은 외국인들에게 인기가 좋았어요. 몇몇 미국 사람들은 그의 그림을 자주 사 갔어요. 박수근의 그림이 가장 한국적이라고 여겼기 때문이지요. 특히 미국 기자였던 마가렛 밀러는 그에게 그림 도구를 보내 주는 등 물질적으로 도움을 주었어요. 박수근의 그림은 외국으로 퍼져 나갔어요. 미국 뉴욕 월드 하우스 갤러리에서 그의 작품 〈모자〉, 〈노상〉, 〈풍경〉이 전시되었지요.

박수근은 1965년에 세상을 떠났어요. 그 뒤로 박수근의 작품들이 국내에서 더더욱 조명을 받았어요. 소박하고 한국적인 그림들이 사람들의 마음을 울렸어요. 대표작 〈빨래터〉를 비롯해 박수근이 그린 그림들은 값이 높이 뛰었어요. 오늘날 화가 박수근은 우리나라에서 가장 비싼 작품을 그린 화가, 국민 화가, 서민 화가 등으로 불려요. 그의 작품은 지금까지도 많은 국민에게 사랑받고 있답니다.

역사 **체험 학습**

박수근의 발자취

박수근 미술관

📍 강원도 양구군 양구읍   ☎ 033)480-2655

박수근의 업적을 기념하기 위해 세워진 미술관이에요. 박수근이 생전에 그렸던 작품들을 직접 만나 볼 수 있어요. 그 외에 지금 활동하는 화가들의 작품들도 전시된답니다. 미술관 앞에는 박수근 공원이 있어요. 박수근의 동상이 세워졌고, 산책로가 깔끔하게 마련되어 있어요.

박수근 나무

📍 강원도 양구군 양구읍

박수근의 그림에는 나무가 종종 나와요. 양구에는 그가 자주 그렸다는 나무가 있답니다. '박수근 나무'로 불리는 이 느릅나무는 약 300년이 되었어요. 2016년 강원도 보호수로 지정되었지요.

양구의 볼거리

양구 선사 박물관

📍 강원도 양구군 양구읍   ☎ 033)480-2677

북한강 유역에서 발굴된 선사 시대 유물들을 전시해 둔 곳이에요. 구석기 시대부터 청동기 시대까지의 유물들을 만나 볼 수 있어요. 건물 밖에는 고인돌과 움집으로 꾸민 공원도 있어요.

국토 정중앙 천문대

📍 강원도 양구군 남면   ☎ 033)480-2586

우리나라 국토의 정중앙 부근이 양구군 남면이에요. 우리나라 중앙에서 하늘을 관측하도록 세워진 천문대예요. 최신 천문 정보를 알 수 있고, 다양한 체험 학습 프로그램이 마련되어 있어요.

TIP 박수근의 그림들

박수근 화가를 표현하는 말은 많아요. 그만큼 화가로서 사랑과 관심을 많이 받는다는 뜻이지요. 그중 하나는 '가장 한국적인 작품을 그린 화가'예요. 그는 우둘투둘한 암석과도 같은 표면에 검은색의 단출한 선으로 사람과 풍경을 소박하게 묘사했어요.
박수근은 특별한 사물을 소재로 삼지 않았어요. 평범한 삶들에 시선을 돌렸지요. 빨래하는 여인들, 맷돌질하는 아내와 들판에 선 나무 등을 화폭에 담았어요. 그래서인지 박수근의 작품에는 당시 한국의 분위기가 잘 느껴져요.

위인 따라 강원도 체험 학습

강원도 위인들의 발자취를 한눈에 살펴보아요.
앞에서 소개한 장소 중 대표적인 곳을 가려 뽑았답니다.

● 양구

❶ 박수근 미술관

● 인제

❷ 만해 마을

❸ 백담사

● 양양

❹ 낙산사

● 춘천

❺ 윤희순 의사 동상

❻ 김유정 문학촌

● 홍천

❼ 남궁억 묘역과 기념관

❽ 무궁화 공원

● 평창

❾ 이효석 문화 마을

● 강릉

❿ 신사임당 사친 시비

⓫ 오죽헌

● 원주

⓬ 구룡사

⓭ 원주 운곡 원천석 묘역

● 삼척

⓮ 이사부 사자 공원

 더 알아보는 **위인**

우리도 강원도 위인이야!

김병연 (1807~1863) - 김삿갓으로 불리는 조선 시대 떠돌이 시인

관련 지역 영월 | 시대 조선

경기도에서 태어났으나, 할아버지가 반역자로 몰린 후 집안이 어려워져서 강원도 영월로 이사했어요. 이 사실을 모르고 자란 김병연은 과거 시험에서 할아버지를 욕하는 글을 써 합격했어요. 나중에 자신이 죄인의 손자라는 것과 할아버지를 욕보였다는 사실을 알고 괴로워했지요. 그때부터 큰 삿갓을 쓰고 전국 곳곳을 떠돌며 수많은 글을 남겼어요. 강원도 영월에는 김병연의 묘와 그의 생애를 엿볼 수 있는 문학관이 있고, 김삿갓 문화제가 열린답니다.

김응하 (1580~1619) - 조선 중기의 무신

관련 지역 철원 | 시대 조선

강원도 철원에서 태어났어요. 스물다섯 살 때 과거에 합격하여 무관으로서 나라의 경계를 지키며 벼슬 생활을 했지요. 1618년 중국 명나라는 후금과 전쟁이 일어나자 조선에 군사를 요청했어요. 1619년 조정은 김응하, 강홍립 장군 등을 전쟁에 내보냈어요. 하지만 명나라 군대는 크게 패했고, 김응하는 군사 3천을 이끌고 수만 명의 적과 싸우다 죽음을 맞이했어요. 그에 대한 보답으로 명나라 황제는 김응하에게 벼슬을 주고 가족에게 상금을 내렸어요.

이승휴 (1224~1300) - 《제왕운기》를 쓴 고려 시대 학자

관련 지역 삼척 | **시대** 고려

외가인 강원도에서 오랜 시간을 보냈어요. 어릴 때부터 책을 많이 읽고, 글을 잘 썼지요. 백성의 어려움을 모른 체하고 자기 배만 채우려는 관리들을 비판하고, 공이 없는 사람이 높은 관직에 오르는 것을 반대하는 글을 올리는 등 잘못된 점을 꼬집었어요. 하지만 오히려 관직에서 쫓겨나자 삼척 두타산으로 들어가 지냈어요. 이때 우리나라와 중국의 역사를 시로 쓴 《제왕운기》를 썼지요. 그가 살았던 곳에 '삼척 두타산 이승휴 유적(사적 제421호)'이 있어요.

자장 (590~658) - 신라 선덕 여왕 때의 스님

관련 지역 정선, 강릉, 속초 | **시대** 삼국 시대(신라)

신라 때에 이름난 10명의 승려를 가리키는 '신라십성' 중 하나예요. 당나라에 건너가 불교를 공부하고 돌아온 후, 선덕 여왕에게 황룡사 9층 목탑을 짓도록 권했어요. 유명한 월정사, 통도사 등 전국에 10개가 넘는 절과 탑을 만들었어요. 속초에 향성사(지금의 신흥사)도 세웠지요. 일생의 마지막 무렵에는 강원도 강릉에 수다사를 짓고, 정선 정암사를 세워 그곳에서 생을 마감했어요.

전이갑 (?~927) - 왕건을 도와 고려를 세운 신하

관련 지역 정선 | **시대** 고려

927년 동생 전의갑과 함께 후백제 견훤의 공격을 받은 신라를 돕고자 전투에 나갔어요. 왕건의 고려군은 지금의 대구에 위치한 팔공산에서 후백제군과 만났어요. 고려군이 싸움에서 불리해지자, 전이갑은 신숭겸, 김락 장군 등과 작전을 짜서 왕건을 무사히 탈출시킨 후 죽음을 맞이했어요. 정선 삼충사에는 전이갑, 전의갑 형제와 전락의 위패*를 모시고 그들의 충성심을 기리고 있답니다.

★ **위패** 죽은 사람의 이름을 적어 모시는 나무패

강원도 위인 찾기

강릉
신사임당 ········· 38
자장 ············· 115
허균 ············· 48
허난설헌 ········· 54

삼척
이사부 ··········· 10
이승휴 ··········· 115
허목 ············· 17

속초
자장 ············· 115

양구
박수근 ··········· 104

양양
의상 ············· 20

영월
김병연 ··········· 114

원주
원천석 ··········· 30
임윤지당 ········· 56

인제
박인환 ··········· 88
한용운 ··········· 80

정선
자장 ············· 115
전이갑 ··········· 115

철원
김응하 ··········· 114

춘천
김유정 ··········· 98
유돈상 ··········· 70
유인석 ··········· 70
유홍석 ··········· 70
윤희순 ··········· 64

평창
이효석 ··········· 90

홍천
남궁억 ··········· 72

 **사진 출처**

국립중앙박물관_ 44p / 〈가지와 방아깨비〉, 〈수박과 들쥐〉

독립기념관_ 71p / 윤희순 시어록비

문화재청_ 19p / 삼척 죽서루, 삼척 두타산 이승휴 유적, 삼척 교수당 24p / 경주 황복사지 3층 석탑 29p / 양양 진전사지 3층 석탑 37p, 112p / 원주 운곡 원천석 묘역 37p / 입석사 석탑, 태종대 54p / 허난설헌 묘 71p / 춘천 의암 유인석 묘역 79p, 112p / 홍천 한서 남궁억 묘역

셔터스톡_ 36p / 눈 쌓인 대나무, 석양 78p / 백색 무궁화, 분홍색 무궁화 95p / 메밀꽃

연합뉴스_ 16p / 삼척 동해왕 이사부 독도 축제 46p, 112p / 신사임당 사친 시비 79p / 한서 남궁억 기념관 110p / 박수근 나무

위키피디아_ 15p / 독노(Rachouette) 55p / 허균·허난설헌 기념 공원(Altostratus) 63p / 원주 법천사지 지광 국사 탑비(Lawinog2)

한국관광공사_ 18p, 112p / 이사부 사자 공원 전경 18p / 이사부 사자 공원 전망대·전시관 내부 28p, 112p / 낙산사 28p / 관세음보살상 28p, 112p / 구룡사 29p / 양양 오산리 유적 박물관 외부·내부 47p / 대관령 박물관 외부·내부, 강릉 대도호부 관아 55p / 강릉 선교장 63p / 원주 강원 감영, 상원사 대웅전 71p, 112p / 윤희순 의사 동상 78p / 홍천 무궁화 축제 거리 행진·불꽃놀이 79p, 112p / 무궁화 공원 89p, 112p / 백담사, 만해 마을 89p / 박인환 문학관 96p / 메밀꽃밭의 모습, 평창 효석 문화제를 찾은 외국인들 97p / 메밀꽃밭의 당나귀 동상, 가산 공원 97p, 112p / 이효석 문학관 103p / 김유정 생가, 김유정역, 김유정 동상 103p, 112p / 김유정 생가 마당 110p, 112p / 박수근 미술관 110p / 박수근 동상 111p / 양구 선사 박물관, 국토 정중앙 천문대, 박수근 탄생 100주년 기념전

지학사아르볼은 이 책에 실린 사진들의 출처를 찾기 위해 최선을 다했습니다.
혹시 잘못된 정보가 있다면 연락 주십시오. 다음 쇄를 찍을 때 꼭 수정하겠습니다.